AU TRÈS-INTEGRE

ET

AU TRÉS-RESPECTABLE

TRIBUNAL JUDICIAIRE

DE

MARSEILLE.

L'ABBÉ RIVE,

Martyr de la Liberté Nationale & des nouvelles Lois de l'Empire Français.

Indoctum rarò effe probum contingit, & atras
Errorum in tenebras mentem ignorantia trudit.
Ex capricorno Marcelli Paling. *Lugduni,*
1566, *in-16*, pag. 282.

A MARSEILLE,

De l'Imprimerie de F. BREBION, près la Loge.

M. DCC. XCI.

L'accufation eft le crible du Patriotifme & l'épreuve du Citoyen. Je ne faurois eftimer parfaitement l'homme dont on ne dit point de mal. L'obfcurité & la nullité font un abri sûr contre la médifance.

Pag. 37 du N°. 79 de Camille Defmoulins.

A MESSIEURS

LES JUGES DU TRIBUNAL

DU DISTRICT DE MARSEILLE.

L'Abbé RIVE, Prêtre, de la ville d'Apt, Bibliothécaire en chef de la bibliotheque *Mejanes*, léguée à l'ancienne Province de Provence, empilée malheureusement depuis cinq ans dans la ville d'Aix, érigible depuis un auſſi long-temps dans la même ville, ou dans telle autre ville de la ci-devant Provence que l'on voudra ; ou comme cet effet eſt devenu national, dans Paris, au gré de la Nation : (1)

EXPOSE qu'il a éprouvé, dans la ville d'Aix, des perſécutions, dont auroit peut-être rougi l'ancien deſpotiſme.

Appellé dans cette ville par les Adminiſtrateurs de l'ancienne Province de Provence, pour ériger & claſſer la fameuſe bibliotheque léguée par le ſieur *Mejanes*,

---

(1) Eloge magnifique de *l'illuſtre* incurie, & inſouſciance très-ignorante des cinq ſixiemes de la Cité d'Aix. On l'inſculpera certainement ſur le plus beau marbre, ou bien on la pondra ſur un airin cent fois plus précieux que celui de Corinthe.

l'on peut dire que ce choix , qu'il ne dut qu'à fa célébrité dans les fciences & les lettres , lui a été bien funefte.

L'Expofant ne retracera pas ici tous les moyens employés, afin de l'engager à quitter Paris , pour venir élever ce monument précieux dans la ci-devant Provence. Les promeffes perfides du Préfident né des ci - devant Etats , le déterminerent même à tranfporter , à grands frais , fa bibliotheque , qui eft des mieux afforties en manufcrits précieux & en éditions très-rares , foit du 15e. fiecle , foit des fuivans , pour être incorporée par la Province dans la bibliotheque qui lui avoit été léguée.

A peine l'Expofant fut établi dans la ville d'Aix , qu'il fe vit en butte à toutes les tracafferies des anciens Adminiftrateurs.

Tous ces faits font confignés dans diverfes lettres imprimées , adreffées fucceffivement aux anciens & nouveaux Adminiftrateurs , même aux Commiffaires liquidateurs des trois Départemens de l'ancienne Provence.

L'Expofant n'a reçu d'eux aucune forte de fatisfaction. La procédure torfionnaire , fous laquelle on le fait gémir , démontre au contraire qu'on a conçu contre lui une haine implacable , & qu'on a formé le barbare projet non feulement d'empêcher l'érection du beau monument légué par le fieur *Mejanes* , mais de ren-voyer fans indemnité , de ruiner au contraire le favant , que l'orgueil des grands de l'ancien régime avoit choifi , pour organifer ce legs fi précieux aux lettres ; & voici comme ils avoient tramé leur noir complot.

L'Expofant , plus fait qu'un autre pour calculer & fentir les bienfaits de la révolution , eut le noble cou-rage de fe montrer l'apôtre de la Liberté. Il vit avec douleur qu'il s'élevoit , dans la ville d'Aix , fur les débris du defpotifme , des Corps dont la plupart des membres oubliant qu'ils ne font que les élus & les repréfentans du peuple, montroient un efprit d'ariftocratie qui révoltoit les véritables amis de la liberté.

Ce fut alors qu'il ufa du droit que lui donnoit la Déclaration des droits de l'homme & du citoyen, à l'art. 11 (1).

C'eft cette charte précieufe qui a donné à l'Expofant le droit de communiquer librement fes penfées & fes opinions, dont l'avantageufe communication lui eft demandée dans la lettre d'un philofophe & d'un très-ardent patriote, qu'il a reçue de Paris le 15e. Juillet dernier, pour faire tomber la groffiere ignorance des idiots, & éclairer les hommes qui ne font pas affez inftruits.

Voyons s'il a outre-paffé les bornes prefcrites par la loi ; fi les Corps adminiftratifs ont été en droit de fe coalifer, de machiner une procédure monftrueufe, & de fe livrer à une guerre odieufe contre un fexagénaire infirme, que toutes les villes favantes de l'Europe fe difputeroient à l'envi de poff;eder, parce qu'il manifeftoit trop de patriotifme, & qu'il avoit établi dans la ville d'Aix une fociété de furveillans, fous la dénomination de *Freres Anti-Politiques*, c'eft-à-dire, d'hommes vrais, juftes & utiles à la Patrie ; en un mot, un de ces Clubs compofés de véritables amis de la Conftitution, & qui eft comme un boulevard contre les entreprifes de l'ariftocratie.

Les ennemis du bien public imaginerent de perdre le chef de cette fociété, pour diffoudre la fociété elle-même ; & voici quelle fut leur marche.

» (1) La libre communication des penfées & des opinions, eft un des droits les plus précieux de l'homme. Tout citoyen peut donc parler, écrire, imprimer librement, fauf à répondre de l'abus de cette liberté, dans les cas déterminés par la loi ».

Non seulement les trois Corps administratifs se coaliserent pour concerter leur attaque, mais ils aviserent aux moyens de former un Tribunal qui leur fût dévoué, comme ces commissions sanguinaires créées & payées par le despotisme, qui souillent les fastes de notre histoire.

Les Juges du Tribunal établi par la Loi, donnent leur abstention, à l'exception du Commissaire du Roi. Un ancien suppléant du Tribunal du District, qu'on fait en même temps être Juge de Paix, siege & commet deux hommes de Loi, pour composer avec lui le Tribunal des trois Corps administratifs ; & c'est devant cette espece de Commission, que comparoît le Procureur général Syndic, pour faire son exposition de plainte contre l'Exposant en ces termes :

» Expose que les trois Administrations, de la Muni-
» cipalité, du District & du Département, séantes en
» cette ville d'Aix, ont cru qu'il étoit de leur devoir
» de déférer au Tribunal judiciaire les calomnieuses
» imputations qui leur ont été faites dans des lettres,
» pétitions ou mémoires qui leur ont été présentés,
» & que leur auteur a rendus publics.

» C'étoit peu pour lui d'avoir osé écrire que les
» membres du Directoire du District n'agissent que
» par légéreté & injustice & sans remords ; c'étoit
» peu d'avoir ajouté qu'ils se livrent aux impulsions
» qu'ils reçoivent de certains scélérats qui viennent
» les corrompre : il ose les accuser d'avoir extorqué
» 9 liv. à un particulier, par des suggestions insidia-
» tives, & des menaces étonnantes, & que ce parti-
» culier ne les a données que pour se débarrasser par
» ce moyen des corsaires qui le retenoient. (1)

---

(1) On voit le contraire dans mes réponses lors de mon interrogatoire.

» Cette Adminiſtration, dont le zele, le patriotiſme
» & la ſageſſe ſont généralement connus, eſt accuſée
» d'un deſpotiſme effroyable, tyrannique, atroce, de
» ſe permettre la fauſſeté dans les actes qu'elle fait
» *ſans témoins*, & d'avoir *ravi* inhumainement aux
» pauvres d'Aix & autres lieux, la ſixieme partie de la
» valeur de la dîme des raiſins du Chapitre d'Aix,
» qu'on ſuppoſe avoir produit 24,000 liv.

» La Municipalité d'Aix n'eſt pas plus ménagée,
» malgré tous les ſacrifices qu'elle a faits pour donner
» du ſecours & du travail aux malheureux qui en
» avoient beſoin (1); on l'accuſe de rejetter inhumaine-
» ment ces malheureux, de les couvrir d'opprobres,
» de menaces & d'injures, au mépris des droits de
» l'homme. On fait un crime à cette Municipalité
» d'avoir laiſſé cavaliérement ſortir les émigrans, &
» de ne pas impoſer des taxes particulieres ſur leurs
» biens, tandis qu'on ne peut pas ignorer que la *Conſ-*
» *titution* ne donne pas aux Corps adminiſtratifs le
» droit d'impoſer.

» De pareilles calomnies ſont capables d'égarer le
» peuple, en diminuant ou en anéantiſſant même la
» confiance qu'il a aux Adminiſtrateurs qu'il s'eſt
» choiſis. (2)

---

(1) Qu'on écoute les pauvres de la ville d'Aix & ſes Anti-
Politiques; on apprendra encore le contraire.

(2) Accuſer ici le Procureur général Syndic du Directoire du
Département des Bouches du Rhône, de la plus atroce méchanceté, par le rapport que nous allons relever, ce ſeroit manquer
de reſpect au Tribunal reſpectable devant lequel ſe trouve l'Abbé
Rive; ce ſeroit, par une vengeance réciproque d'injures, dimi-
nuer les dommages qu'il a à prétendre contre les Adminiſtrations; ce ſeroit enfin arrêter les bras de la vindicte publique,
contre les coupables qui ſeront dévoilés dans cette piece à la
jvſtice.

Mais dire que le Procureur général Syndic ne montre, à la

» On n'a pas eu plus d'égards dans ces écrits pour
» le Directoire du Département. On lui propose de
» se rendre redoutable par la force d'un courage
» qu'on lui communiquera (1). On suppose calomnieu-
» sement que divers membres ont promis de rétracter
» en partie des Arrêtés du Directoire.

» C'est donc une nouvelle calomnie qu'on s'est
» permise contre des Administrateurs, & à laquelle
» ils n'ont pas dû être indifférens. (2)

» Toutes ces assertions téméraires, injurieuses &
» calomnieuses, se trouvent dans les pieces qui seront

---

face de toute l'europe, qu'une organisation inconcevable &
totalement dégarnie de jugement, n'est-ce pas avouer la vérité
de ce passage du Psalmiste..... *Deus ipse fecit nos & non ipsi
nos ?.....*

En effet, le Procureur général Syndic, en rapportant en ce
lieu les paroles qu'il prête à l'*Abbé Rive*, vis-à-vis de la *très-
savante & très-loyale* Municipalité d'Aix, auroit dû observer que
cet Abbé n'interdit pas à cette même Municipalité le recours
qu'elle doit avoir à l'Assemblée Nationale, pour l'imposition &
les taxes qu'il lui conseille de faire.

S'il lui eût interdit ce recours, & s'il l'eût sollicitée lui-même
par les Anti-politiques, dont il n'a été que l'organe, à imposer
proprio motu ces taxes illégales & anti-constitutionnelles, ce
Procureur général Syndic auroit eu raison de se plaindre des
Anti-politiques, auxquels seuls appartiennent les pétitions qu'il
veut faire tomber contre l'*Abbé Rive.*

Mais qu'il sache, cet ancien *villain* du petit lieu de Pelissane,
qu'il faut savoir PARLER LATIN DEVANT LES CORDELIERS.

Est-ce que l'Assemblée Nationale n'a pas autorisé plusieurs
Communautés qui se sont adressées à elle, pour des emprunts
& pour des taxes ?

Connoît-il bien ses Décrets, & sur-tout ceux qu'elle a émis
en juin 1790 ?

(1) Lisez la premiere page de l'ouvrage de l'Abbé Rive, dont
le titre sera communiqué dans la seconde note suivante, & vous
verrez sur cette page combien l'esprit de ce Procureur général
Syndic est organisé pour rencontrer juste, & dire la vérité.

(2) Voyez la longue note ci-après.

jointes

» jointes à la préſente dénonçiation, & pour lui ſervir
» de preuves. (1)

    » On n'aura pas de peine à en découvrir l'auteur.
» Le ſieur Abbé Rive s'eſt nommé lui-même dans les
» lettres ſignées de lui & adreſſées aux Adminiſtra-
» teurs. C'eſt lui qui s'appelle l'ange tutélaire *d'une*
» *ſociété qu'il fait agir & mouvoir à ſon gré, pour*
» *laquelle il délibere ſeul dans ſon cabinet, où ſes*
» *infirmités le détiennent, & d'où il dicte des déli-*
» *bérations ou des pétitions à des Citoyens aveuglés*
» *par leur bonne foi, & la plupart illitérés.*

---

(1) Sil étoit permis à l'*Abbé Rive* de lancer contre ce Procureur général Syndic toutes les invectives qu'il mérite, & aux-
quelles il paroît qu'il ne ſe dérobera jamais dans la poſtérité,
l'*Abbé Rive* lui demanderoit avec indignation, ſi la *Défenſe de*
la Commune, *du Maire*, *de l'Officier Municipal de Velaux*,
imprimée *in-8°*. en avril de 1791, où les mêmes aſſertions qu'il
trouve téméraires, injurieuſes & calomnieuſes ſont retracées,
eſt inſérée dans les pieces jointes à la procédure.

Mais ce Procureur général Syndic l'oſeroit - il aſſurer ? Non
certes, cette piece n'y eſt pas jointe. Que le public impartial
en ſache la raiſon.

Cette piece eſt le répertoire complet de tous les reproches
juſtes que les Anti - Politiques s'étoient permis de faire aux
membres du Diſtrict adminiſtrationnel d'Aix & du Directoire de
ſon Département. Elle eſt auſſi l'antidote ſalutaire de toutes les
accuſations TRÉS-ÉQUITABLES & TRÉS-PRUDENTES de ce Procureur général Syndic & des trois Adminiſtrations.

Pourquoi ce même Procureur ne ſe permet-il pas une procédure criminelle contre l'honorable & vigoureux Club de Marſeille, cette illuſtre Cité, qui lui a adreſſé au milieu de la
ſemaine derniere une piece des plus fortes, ſur les reproches que
les deux Directoires du Diſtrict & du Département lui paroiſſoient
mériter ?

Comme l'*Abbé Rive* eſt plein de reſpect pour ce Club, &
qu'il s'aſſervit entiérement à ces mots de ſon adreſſe..... *Nous*
rendrons cette adreſſe publique dans tout le Départemene, ſi
vous ne revenez aux principes, il ne la fait pas imprimer.

Mais cette piece doit devenir néceſſairement publique, ſur-
tout pour réprimer quelques membres de ces Directoires, & pour
maintenir la liberté nationale en France.

» Le Procureur général Syndic ajoute, que, chargé
» par l'adminiſtration du Département de dénoncer
» & les ouvrages & leur auteur, il croiroit remplir
» imparfaitement les vues de cette adminiſtration, s'il
» n'ajoutoit que dans le ſieur Abbé Rive, tout indique
» plutôt un état délirant, un vrai égarement d'eſprit,
» que le deſſein & l'intention de nuire.

» Quoi qu'il en ſoit, c'eſt au tribunal judiciaire à
» prononcer ſur l'état des citoyens, & à réprimer,
» ſuivant la loi, les écarts qu'ils peuvent ſe permettre,
» quelle qu'en ſoit la cauſe. »

Après cet étalage de griefs, que nous apprécierons
bientôt, le Procureur général Syndic prend tout-à-
coup le ſtyle & la formule d'un arrêté de ſon Directoire;
il *conſidere* combien il importe à la choſe publique,
que de calomnieuſes imputations & de perfides ſuggeſ-
tions ne ſoient pas répandues parmi le peuple natu-
rellement bon, mais trop facile à égarer, &c.

Le réſultat de ſon Arrêté eſt qu'il faut :

1°. Dénoncer les pieces indiquées dans divers avis
du Diſtrict d'Aix.

2°. Dénoncer le ſieur Abbé Rive, comme mani-
feſtant des opinions capables de troubler l'ordre
public, & d'alarmer les citoyens ſur leur ſûreté,
pour que, ſur cette double dénonciation, le tribunal
vérifie ſi les actes dénoncés par les trois corps adminiſtratifs, procedent d'un égarement d'eſprit, c'eſt-à-
dire, d'une véritable folie dudit ſieur Abbé Rive, ou
s'ils ont pour cauſe la malice & le deſſein de nuire,
à l'effet que dans l'un comme dans l'autre cas, il ſoit
pourvu par le tribunal, ainſi que de droit, aux moyens
d'arrêter les dangereux effets, ſoit de la démence,
ſoit des intentions criminelles dudit ſieur Abbé Rive.

Il eſt bien ſingulier qu'un Auteur, que le Procureur
général Syndic dit indiquer plutôt un écrivain délirant,
que porté à nuire, ſoit atrocement décrété de priſe
au corps.

Il l'eft bien plus encore, que l'extrait des regiftres du greffe du tribunal du Diftrict d'Aix, qui mentionne un avis du Diftrict du Directoire adminiftrationnel de cette ville, du 19 avril 1791, nous préfente dans cet avis une piece des anti-politiques, comme écrite & envoyée au Directoire du Département, *du ton le plus refpectueux*; tandis que nous venons d'entendre le Procureur général Syndic de ce Département comme décriant toutes les pieces qui font émanées de ce Club, parce qu'elles lui paroiffoient toutes pleines d'impoftures, de calomnies, de féditions, &c.

Pour fatisfaire à cet arrêté, le Procureur général Syndic du Département fait fa dénonciation, & remet fur le bureau les pieces paraphées. Après cette rémiffion détaillée, ce même Procureur général Syndic change tout-à-coup de ftyle & de rôle. Ce n'eft plus une dénonciation qu'il fait; ce n'eft plus un *arrêté* à la fuite d'un *confidérant* qu'il débite. Tout prend une nouvelle forme fous fa main; car ce Procureur général Syndic finit par requérir acte de fon *expofition de fa plainte* & de la rémiffion des pieces, & figne fa fameufe diatribe fous la triple dénomination de *dénonciation*, *d'arrêté du Directoire du Département*, *d'expofition de plainte*.

Le tribunal légal difparoît ici. Eft-ce l'horreur qu'il a d'une piece auffi monftrueufe? Si cela étoit, fon motif feroit connu; & nous obfervons que dans une autre piece du Procureur général Syndic, ce même Adminiftrateur fe plaint contre les Membres de ce tribunal, de s'être abftenus fans motif connu. Vu l'expofition ci-deffus, les quatre Juges déclarent abftenir; & dans le même inftant, comme par un coup de théâtre ou par un pouvoir magique, on voit fortir du néant un nouveau tribunal. Un nouveau Juge le remplit, & attendu l'abftention ou la difparution des autres, il reçoit la piece du Procureur général Syndic, qu'il appelle *exposition*, sans en avoir entendu la lecture. Il la cotte, la paraphe, & donne acte à ce Procureur général Syndic de ladite exposition & de la rémission d'icelle, & des pieces y mentionnées.

Vient ensuite l'Accusateur public, qui donne un démenti formel aux Juges qui ont figuré successivement sur la scene. Ceux-ci n'ont vu sur la piece du Procureur général Syndic qu'une *exposition de plainte*. L'Accusateur public au contraire n'y voit qu'une *dénonciation*, vu la *dénonciation ci-dessus*, &c.

Il y a plus : cet Accusateur public vise ce qui n'existe pas ; car il suppose qu'il existe un décret de *soit à lui montré*, qu'il ne date pas, mais que le Commissaire du Roi dans ses conclusions dont nous parlerons plus bas, date officieusement du 5 mai, tandis qu'il n'en paroît point. Le Juge de Paix suppléant, qui a figuré tout-à-coup dans ce Tribunal comme un vrai *FUNGUS*, a oublié net de mettre un décret de *soit montré à l'Accusateur public* ; & celui-ci dit cependant dans sa requisition : *vu le décret de soit à moi montré*. Il s'ensuit qu'il a commis un faux, en visant un décret qui n'existe pas. Il s'ensuit encore qu'il s'est porté Accusateur public, sans en avoir été requis par les parties plaignantes, & par le Tribunal. Falloit-il dire du moins qu'il requéroit l'information d'office *proprio motu*.

Cet Accusateur public paroît cependant avoir eu tout le tems de réfléchir, ou de se faire instruire sur les formules du métier, afin de ne pas paroître avoir agi comme un *mannequin*, au gré de ceux qui le faisoient mouvoir, puisque le Procureur général Syndic n'a fait son exposition de plainte que le 2 mai, & que l'Accusateur public n'a requis l'information que le 5.

Ce fut le même jour 5, que le Juge de Paix suppléant, devenu Juge de District, appella pour ses Assesseurs deux hommes de loi, qui s'empresserent à se rendre à l'invitation, & accepterent.

Cet intervalle du 2 au 5, n'a été imaginé fans doute que pour donner le tems au Procureur général Syndic de fe cacher derriere la toile, après avoir fait tout à la fois fa *dénonciation*, fon *arrêté*, fon *expofition* & fa *plainte*.

Quoi qu'il en foit, cette commiffion rempliffant le Tribunal vife le tout; & au lieu de fe fervir du terme *dénonciation*, il ne voit dans la piece du Procureur général Syndic qu'une *expofition* : *vu l'expofition, &c. & les pieces y jointes*.

Mais ce qu'il y a d'étonnant, c'eft que les Juges vifent le décret de *foit montré à M. l'Accufateur public*, qui paroît n'avoir pas été rendu. Il y a apparence que ce font les conclufions de ce même Accufateur public qui les ont induits en erreur : mais en vifant la piece du Procureur général Syndic, qu'ils qualifient *expofition*, pourquoi concedent-ils acte à l'Accufateur public de l'emploi qu'il fait de la *dénonciation pour requête de plainte* ? Ils ont reconnu, d'après les termes techniques du Procureur général Syndic, que c'eft une *expofition de plainte*; & par une contradiction manifefte, ils ne regardent plus cette piece entre les mains de l'Accufateur public que comme une fimple dénonciation, qui devient cependant requête de plainte.

Telle eft la piece qui a fervi de bafe à cette procédure auffi monftrueufe qu'oppreffive. C'eft fur cette piece que l'information a été ordonnée & prife. Ce n'eft pas fur l'information que l'expofant a été décrété de prife de corps, mais bien d'après les pieces jointes à l'expofition, employées pour information littéraire.

L'expofant s'empreffa d'appeller du décret de foit informé. Il a dans la fuite amplié fon appel envers le décret de prife au corps, qui fut décerné, non fur les dépofitions des témoins, qui, entendus au nombre de trente-quatre, difent tous *ne rien favoir*. Il demande

aujourd'hui la caſſation de la procédure ; & il va éta-
blir ſa demande ſur divers moyens , puiſés & dans les
qualités des parties , & dans la matiere ſur laquelle on
a échaffaudé cette procédure monſtrueuſe , & dans les
formalités preſcrites par la loi , qu'on a violées ſans
pudeur comme ſans gêne.

L'Expoſant établit d'abord en principe , d'après les
décrets conſtitutionnels de l'Aſſemblée Nationale, que
le Procureur général Syndic n'avoit ni qualité ni action
pour faire une pareille expoſition de plainte au nom
des trois corps adminiſtratifs. Aucun décret n'autoriſe
les corps adminiſtratifs à ſe coaliſer , encore moins à
faire collectivement des procédures criminelles.

Aucun décret ne donne au Procureur général Syndic
d'un département, les actions des trois adminiſtrations.
Ces trois corps établis pour ſe ſurveiller ne peuvent
jamais accumuler leurs pouvoirs reſpectifs ſur une ſeule
tête, encore moins donner à celle-ci une action que
chaque adminiſtration iſolée & à ſa place n'a point,
& ne peut avoir , comme nous l'obſerverons ci-deſſous.

Pour ſe convaincre de cette vérité , il n'y a qu'à
jetter les yeux ſur les décrets rendus par l'Aſſemblée
Nationale le 14 décembre 1789 , ſur la conſtitution
des Municipalités. Il eſt dit par l'art. 54 , qu'il faut
aſſembler le conſeil général de la Commune toutes les
fois qu'il y a des procès à intenter ou à ſoutenir pour
des droits conteſtés. Il eſt à obſerver qu'il n'eſt queſtion
ici que de procès civils ; & nos légiſlateurs n'ont jamais entendu que les corps adminiſtratifs fiſſent des
procès criminels , encore moins qu'ils ſe coaliſaſſent
pour intenter de pareilles procédures , qui étoient in-
terdites ſous l'ancien régime aux communautés, ainſi
qu'il conſte par la Juriſprudence des Tribunaux, &
principalement ſur des matieres pour leſquelles ils ſont
totalement incompétens , comme lorſqu'il s'agit de
prononcer ſur les opinions des Auteurs.

Lorſqu'une Municipalité a des procès à intenter ou

à foutenir, non feulement il faut qu'elle y foit auto-rifée par le Confeil général de la Commune, encore faut-il que les délibérations qui y font prifes foient approuvées par les Directoires de départemens, d'après l'avis de celui du diftrict, pour être exécutées. C'eft ce qui réfulte de l'art. LVI.

Il s'enfuit de ces lois, que les directoires de départe-ment n'ont que le droit d'approuver ou d'improuver les déterminations ou délibérations des Municipalités; mais la loi ne leur donne pas le droit de fomption de caufe, & d'agir vis-à-vis d'elles, comme des tuteurs vis-à-vis de leurs pupilles. En un mot, les Directoires de Départemens n'ont point les actions des Municipa-lités, encore moins celles des directoires de Diftrict. Donc le Procureur général Syndic ne pouvoit faire en leur nom une expofition de plainte pardevant aucun Tribunal; il étoit fans action, parce qu'il étoit fans pouvoir; ce qui rend la procédure radicalement nulle. Rien ne peut parer ce moyen de nullité, parce que *nullus major defectus quàm defectus poteftatis.*

D'ailleurs, quand un directoire de Diftrict fera coalifé avec le directoire d'un Département, pour foutenir le même procès, les avis de ce directoire de Diftrict feront-ils défintéreffés, & répondront-ils fans ce défin-téreffement & l'impartialité qui doit leur être effen-tiellement inhérente, à l'efprit de notre légiflation?

Et qu'on ne dife pas que du moins le Procureur général Syndic avoit les actions du directoire du Départe-tement; car il n'avoit pas plus celle du Département que des autres Adminiftrations. S'il étoit poffible de penfer que les Adminiftrations de Département ont le droit de faire de pareilles procédures, ce ne feroit qu'après que leur Confeil général les auroit délibérées. Car l'on voit dans l'inftruction de l'Affemblée Nationale, fur les fonctions des Affemblées adminiftratives, chap. I.er fur les objets conftitutionnels, §. I.er, que *les fonctions des directoires font d'exécuter tout ce qui a été prescrit par les conseils.*

Si le Procureur général Syndic a agi d'après le prétendu Arrêté du Directoire, inféré dans *son exposition de plainte*, cet Arrêté feroit inconstitutionnel, parce qu'il ne feroit point le réfultat de ce qui auroit été déterminé dans fon Confeil général.

Mais l'expofition de plainte, faite par l'organe du Procureur général Syndic, au nom des trois Corps adminiftratifs, préfente une coalition formidable, imaginée pour porter atteinte à la liberté publique, un complot ariftocratique, en un mot un attentat formel contre la conftitution, qui fera dénoncé au Corps légiflatif comme une infraction des plus formelles à la loi, & qui doit attirer fur la tête des coupables une deftitution exemplaire. Il eft vrai qu'il faut excepter quelques membres de ce Directoire, qui, fideles aux principes & à la loi, ont improuvé hautement la conduite de leurs collegues, en déclarant ne prendre aucune part aux Arrêtés *inconftitutionnels* que la cabale faifoit rendre, en fe déchargeant de tous les événemens.

Mais une preuve certaine que la loi n'autorife point les Adminiftrations à faire de pareilles procédures, c'eft qu'elle a prévu les cas où ces mêmes adminiftrations n'auroient pas manqué d'en faire ufage, pour écarter les furveillans. Elle accorde à tout citoyen actif la faculté de dénoncer les Adminiftrateurs.

L'Expofant, en fa qualité de citoyen actif, auroit donc eu la faculté de faire ce qui fert de matiere au prétendu délit, & aller encore plus loin, en le faifant directement fous la forme d'une *dénonciation*. Voici comme s'explique l'art. 61 du Décret fur la conftitution des Municipalités.

» Tout citoyen actif pourra figner & préfenter,
» contre les Officiers-Municipaux, la dénonciation
» des

» des délits d'adminiftration , dont il prétendra qu'ils
» fe feroient rendus coupables ».

La Loi ne prononce aucune peine , en fuppofant que
la dénonciation fût mal fondée ; donc la loi a déja
prononcé qu'il n'y avoit pas matiere à une expofition
de plainte , fur ce qu'on reproche à l'Expofant ; donc
la procédure prife fur une pareille expofition eft nulle ,
& doit être caffée. C'eft fon fecond moyen de caffation.

La Loi eft allée encore plus loin. Elle a tracé aux
Adminiftrations la route qu'elles devoient tenir , dans
le cas où un citoyen manqueroit aux Adminiftrateurs
d'une maniere bien plus grave que celle qu'on reproche
à l'Expofant.

La Loi fuppofe qu'un citoyen fe rende coupable
d'excès graves contre les Adminiftrateurs. Elle établit
le Tribunal qui doit prononcer, & la peine qui doit
être infligée.

L'article 9 du Décret du 2 juin porte :

» Que ceux qui fe permettront des excès ou des
» outrages à l'égard des Officiers municipaux, Admi-
» niftrateurs de Département , de Diftrict, & des
» Juges, feront rayés du tableau civique , déclarés
» incapables & privés de tout exercice des droits de
» citoyen actif, en punition d'en avoir violé les de-
» voirs. »

L'inftruction de l'Affemblée Nationale du 12 août
de la même année, §. 8, porte, que *le Directoire de*
Département pourroit, après avoir fait vérifier les faits
par le Directoire de Diftrict, & après avoir pris fon
avis, prononcer, contre les coupables, la radiation de
leurs noms du tableau civique, & les déclarer inca-
pables & privés de tout exercice des droits de citoyen
actif, conformément au Décret du 2 juin dernier; la
réclamation de ceux-ci contre la décifion du Directoire
de Département ne pourroit être portée qu'au Corps
légiflatif.

Voilà un délit bien caractérisé & bien plus grave, commis envers les Administrateurs, porté pardevant tout autre Tribunal qu'un Tribunal judiciaire, avec la peine y attachée.

Donc le Procureur Général syndic a violé toutes les lois, en faisant une telle exposition de plainte pardevant un Tribunal judiciaire.

Ce troisieme moyen de nullité & de cassation porte sur une incompétence notoire, *& ratione personæ, & ratione materiæ.*

L'Exposant, en sa qualité de citoyen actif, n'étoit donc point justiciable d'un Tribunal judiciaire pour le fait qu'on lui impute.

On l'accuse d'avoir calomnié les trois Administrations. Or la calomnie est un outrage. La Loi a indiqué le Tribunal à qui appartient la connoissance d'un tel délit. L'exposant n'étoit donc point justiciable du Tribunal éphémere qu'on lui a créé. Or l'incompétence d'un Tribunal vicie, anéantit toutes les procédures faites, & ouvre à l'accusé la voie de *la prise à partie,* parce que le Juge, avant de prendre connoissance d'une matiere, doit bien examiner, au flambeau de la Loi, qu'on lui fait porter dans une médaille suspendue à son col, écrite en lettre d'or, comme la portoient les Juges de l'ancienne Egypte, sous l'emblême de la vérité. Cette Loi, qu'ils ne doivent jamais perdre de vue, leur auroit appris que l'Exposant n'étoit pas leur justiciable, & ils ne se seroient pas rendus coupables de prévarication, en recevant une pareille plainte, en ordonnant l'information, & en décrétant ensuite de prise-de-corps un homme qui ne pouvoit pas être traduit à leur Tribunal.

La procédure, sous ce point de vue, doit être cassée, parce qu'elle est nulle de plein droit, parce que tout ce que fait un Juge incompétent est regardé comme non avenu, selon cet axiome, *Judex incompetens nihil agit.*

Ce quatrieme moyen de nullité & de caffation eft d'ailleurs fondé fur l'art. premier du titre 6 de l'Ordonnance de 1667, que nous fuivons encore, & qui prononce non feulement la nullité des procédures, mais ouvre la voie de la prife à partie.

Cet article eft conçu en ces termes :

» Défendons à tous nos Juges de retenir aucune » caufe, inftance, ou procès, dont la connoiffance » ne leur appartient point ; mais leur enjoignons de » renvoyer les parties pardevant les Juges qui doivent » en connoître, ou d'ordonner qu'elles fe pourvoiront, » à peine de nullité des jugemens ; & en cas de con- » travention, pourront les Juges être intimés & pris » à partie ».

Si ces hommes de loi bénévoles, qui ont compofé avec tant de complaifance le Tribunal, fur l'invitation du Juge de Paix fuppléant, après l'abftention des quatre Juges, dont les motifs font reftés *in petto*, s'il faut en croire le fidele rapport qu'en fit, au Directoire, le Procureur-Général fyndic, à la féance du 9 mai dernier, & que nous avons annoncé ci-deffus fans date ; fi ces hommes de loi, difons-nous, euffent été pénétrés, en bons patriotes, des principes de notre Conftitution, qu'ils font cenfés mieux connoître que tout autre citoyen, ils fe feroient bien donnés de garde de connoître d'une matiere qui n'étoit point dévolue au Tribunal qu'ils rempliffoient.

Leur incompétence étoit fi notoire, qu'ils ne pou-voient fe faire illufion à eux-mêmes ; & l'on ne peut pas préfumer qu'ils fuffent dans une ignorance abfolue des décrets.

D'ailleurs, l'abftention fubite des Juges de la loi, qui ne donnoient oftenfiblement aucuns motifs, auroit dû leur ouvrir les yeux. En acceptant une pareille com-miffion, ou pour mieux dire, en fe rendant à l'invi-tation du fuppléant, tout fait préfumer que l'acceptation avoit été concertée, & donnée même avant l'abſtention du véritable Tribunal ; tout démontre enfin qu'ils furent ſiéger ſur ce Tribunal, bien diſpoſés à remplir leurs fonctions, nonobſtant la loi qui les repouſſoit, & à commettre toutes les infractions dont ils ſe ſont rendus coupables, en ſe prêtant aux vues criminelles de ceux qui les ont employés à une pareille commiſſion.

Mais ſi l'Expoſant donne l'analyſe de la diatribe qui a fait créer un pareil Tribunal, & qui y a provoqué l'information & ſur-tout le décret de priſe-de-corps, d'autres moyens de-caſſation en reſſortiront en foule.

Elle préſente un étalage de faux principes, des éloges pour les adminiſtrations, des allégations fauſſes, des plaintes abſurdes, des injures & des ſarcaſmes groſſiers contre l'Expoſant & contre une Société reſpectable & par les motifs de ſon inſtitution, & par ſon patriotiſme très-pur.

L'Expoſant va démontrer 1.º que, quand même le Tribunal eût été compétent pour connoître de l'expo-ſition de plainte qui lui étoit déférée par le Procureur-Général ſyndic du Département, cette expoſition ou cette plainte ne préſentoit aucun corps de délit qui pût donner matiere à une information ; 2.º qu'il ne pouvoit réſulter de cette information un décret de priſe-de-corps, parce que l'accuſation manquoit d'un corps de délit qui pût donner lieu à une peine cor-porelle.

En effet, nous avons vu, par l'expoſition du Procureur-Général ſyndic, qu'il ne préſente que des allégations dénuées de preuves, établies ſeulement ſur la prétendue intention qu'il ſuppoſe à l'Expoſant d'avoir calomnié dans ſes écrits les Adminiſtrations, & que de *pareilles calomnies ſont capables d'égarer le peuple, en dimi-nuant ou anéantiſſant même la confiance qu'il a aux Adminiſtrateurs qu'il s'eſt choiſi.*

De ſorte que le Procureur-Général ſyndic s'eſt érigé

en Juge de l'intention de l'Expofant. Il fe donne pour poſſéder la ſcience de la *ſcrutation* des cœurs. Il fait accroire à fon Tribunal, que les écrits de l'Expofant font capables d'égarer le peuple ; & c'eſt là tout le corps de délit qui doit faire la matiere de l'information qu'il follicite de la complaifance des Juges qu'il s'eſt fait nommer. Ainfi l'intention, qu'on ne pouvoit pas juger fous le regne du defpotifme, devient, entre les mains de ce Procureur-Général fyndic, & fous le regne de la liberté, un corps de délit qui donne lieu à une information & à un décret de priſe-de-corps.

Et qui plus eſt, ce Procureur-Général fyndic paroît plaifanter, quand il dénonce des opinions capables, &c.

Eſt-ce que dans une procédure criminelle il peut être queſtion de capacité d'opinions ou de capacité de faits ?

Ne doit-il pas toujours y être queſtion au contraire de faits & de corps de délit bien prouvés ?

Un jeune homme bien vigoureux n'a-t-il pas la capacité de déflorer toutes les Vierges qu'il rencontre, & cette capacité doit-elle le faire décréter de priſe-de-corps ?

Si nous étions dans un fiecle d'ignorance, nous pourrions attribuer les perfécutions qu'on fait éprouver à un grand homme, à un favant, à cette fatalité qui a, dans tous les temps, femé des obſtacles à la propagation de la lumiere.

Pourquoi faut-il qu'à l'époque la plus glorieufe de notre hiſtoire, de pareils événemens affligent l'humanité, la raifon & la philofophie ? On peut en conclure que le fanatifme de l'ariſtocratie eſt auſſi dangereux & auſſi abominable que le fanatifme religieux contre lequel l'Expofant a produit des livres excellens, qui forcent l'illuſtre Defmoulins à dire dans fon Nº. 68,

pag. 103 , *qu'ils font comme la lunette d'approche ;
dans laquelle on verra dans peu tout l'Empire français.*

Que le Procureur-Général fyndic nous permette
cependant de lui dire que fon phantôme de délit doit
difparoître à la vue des principes de tous les temps
refpectés , & qui doivent l'être encore plus , depuis
que la liberté de la preffe a été décrétée.

Pour accufer un écrivain d'un délit réel , & pour
conftater le délit, il faut pouvoir juger de fon intention ,
ou avoir de fa bouche un aveu bien précis qu'il a voulu
délinquer.

Or , le Procureur-Général fyndic n'aura pas fans
doute la prétention de pofféder cette fcrutation, ou
l'art de lire dans la confcience , pour juger l'intention
d'un écrivain.

Qu'il prouve , avant d'enfanter fon prétendu corps
de délit , qu'il eft initié dans la pfychologie ; & alors
on pourra croire qu'il a fait illufion à fon Tribunal
éphémere , & que les membres qui font venus le
remplir , ne font pas fes complices dans le complot
tramé contre l'Expofant.

Qu'on life la premiere réponfe de l'Expofant aux
interrogats qui lui ont été fait lors de fon interrogatoire ,
& l'on verra fi un accufateur public jouit de cette
fcrutation pour noircir & pour diffamer, à fa fantaifie,
un auteur qui eft fondé à lui reprocher des erreurs
matérielles.

Y a-t-il d'autres perfonnes qui aient le droit de
dépofer fur un fait, que les témoins auriculaires , ou
oculaires , ou littéraires ?

Un accufateur peut-il être témoin lui-même ? Les
Juges peuvent-ils l'être auffi, & joindre enfemble deux
qualités , qui , felon la raifon , doivent être très-forte-
ment incompatibles ?

S'ils l'ont été jufqu'ici par abus , en matiere de

calomnie, dans notre ancienne jurifprudence barbare; il faut efpérer que, dans une autre légiflature, cet abus difparoîtra totalement, & qu'on fera juger, non par des Juges ignorans & entraînés fous le joug de la partialité, mais par une vingtaine d'hommes de lettres d'un jugement très-folide & d'une équité à toute épreuve, les écrits qui paroîtront calomnieux à des êtres qui calomnient eux-mêmes ceux auxquels ils les attribuent.

N'eft-il pas horrible qu'un Juge foit en même-temps un témoin ?

Peut-on faire fortir d'une plus groffiere ignorance, des lois auffi iniques & fi peu conformes à la liberté, qui eft l'ame univerfelle de la Patrie ?

D'ailleurs, quand un juge jouiroit de ce droit dans notre ancienne jurifprudence, auroit-il dû ordonner une information avant qu'il exiftât un corps de délit, & avant que ce corps de délit fût conftaté ?

L'information ne peut exifter qu'après l'exiftence d'un corps de délit, & qu'après que cette exiftence eft conftatée.

L'information ne fe requiert alors que pour connoître les coupables ; & ce n'eft que d'une information circonftanciée *ad hoc*, que naît & peut naître un décret de prife-de-corps.

Si dans les matieres de certains arts, on conftate un délit par des *effais* ou des analyfes, avant d'en ordonner l'information, il ne faut pas croire qu'on puiffe en conftater un dans les matieres littéraires, en recourant même au témoignage des auteurs les plus favans, les plus judicieux & les plus impartiaux.

Quel parti prendre alors ? c'eft celui que Salvien, ce vénérable Prêtre de Marfeille, qui floriffoit dans le cinquieme fiecle, nous fuggere dans le chap. 2 de fon cinquieme livre de fon Traité intitulé: *De Gubernatione Dei.*

Il étoit queſtion chez lui de la condamnation d'une forte d'hérétique, dont l'exiſtence de la pravité ne pouvoit ſe connoître que par l'intimité de la conſcience. Il s'écrie alors : *quel homme oſera donc les juger ? Peut-il y avoir d'autres Juges contr'eux, que l'Etre-Suprême qui lit dans les cœurs* (1) ?

Ainſi un auteur ne peut être jugé comme calomniateur, que par la Divinité ou par l'aveu de lui-même. Pourquoi ? N'eſt-ce pas à cauſe que, dans tous les crimes qui dépendent de l'intention intérieure, & qui ne peuvent s'expliquer extérieurement par l'évidence, il faut de toute néceſſité recourir ou à Dieu ou à un aveu du coupable ?

Que les Juges du Tribunal éphémere d'Aix aient de pareils témoins pour eux, & alors ils auront droit d'informer ſur un corps de délit, dont leur *très-habile* Procureur ſyndic ſe plaindra.

En attendant, diſons qu'il n'exiſte aucun corps de délit réel. Or, il n'y a pas de principe plus certain que celui-ci : *Toute plainte au criminel ſuppoſe un délit, ſans quoi elle n'a point de baſe. Il ne ſauroit y avoir de vrai délit ſans intention de le commettre ; & pour qu'il y ait lieu à faire informer, il faut que les faits extérieurs préſentent cette intention.*

Et quand même ce Tribunal eût été compétent, la procédure auroit été infeſtée du plus grand de tous les vices, *le défaut de délit.* Elle ſeroit donc nulle ; elle doit être caſſée, & faire obtenir à l'Expoſant la priſe à partie, ainſi qu'il ſe le réſerve. Ce cinquieme moyen de nullité ne peut être repouſſé par aucun argument contraire (2).

____

(1) Qu'on voie à la pag. 37 *de la Lettre vraiment philoſophique* de l'Abbé Rive, à *l'Evêque de Clermont*, ce paſſage de Salvien, rapporté au long.

(2) Lacombe, l'un des plus fameux Criminaliſtes, dit, qu'un autre cas de la priſe à partie eſt une information ordonnée par un Juge, ſans corps de délit préalable.

E t

Et d'ailleurs, fuppofons un inftant qu'il fût échappé à l'Expofant des erreurs matérielles dans fes écrits, pourroit-on les lui imputer comme un délit? Une erreur matérielle, qui n'eft autre chofe qu'une *anti-vérité* ou *contre-vérité*, peut fe gliffer fous une plume fans aucune intention malhonnête. Peut-on regarder les *anti-vérités matérielles*, fans aucune intention formelle, comme un corps de délit?

Non fans doute. Il n'y a que la méchanceté la plus atroce qui puiffe les faire regarder comme telles.

Eft-ce ainfi que l'Expofant a jugé des prétendus faits qu'il a reprochés au Diftrict d'Aix, dans la *défenfe de quelques officiers Municipaux de Velaux?* Ne les a-t-il pas qualifiés au contraire *erreurs matérielles*, fur les pages 13 & 12 du premier & fecond alphabet de cette piece, qu'on a voulu faire fervir de corps de délit? Quel exemple de modération & de juftice! Pourquoi ne l'a-t-on pas imité? Nous en verrons bientôt la raifon.

Difons, en attendant, que le Procureur-Général Syndic a tellement fenti qu'il n'exifte point de corps de délit contre l'Expofant, qu'il a fallu en préfenter un factice; & voici quelle a été fa coupable & imprudente reffource.

Il a cherché un corps de délit dans des écrits ou dans des ouvrages qui font étrangers à l'Expofant, même pour la rédaction, ainfi que celui-ci l'a déclaré hautement dans fes réponfes lors de fes interrogatoires. Ce Procureur-Général Syndic eft allé fouiller dans les archives de la Société des Anti-Politiques, de ces véritables Amis de la Conftitution, & en a forti ces pieces, dont la plupart font d'un nommé *Sylvecane*, qui les a rédigées & fignées; de ce Sylvecane que l'expofant fe réferve de livrer au glaive des lois... Comment eft-il poffible que ce tribunal fcandaleux qui paraphoit les pieces & la fignature du véritable auteur, ait eu l'impudeur

D

d'affigner & caractérifer corps de délit de pareilles pieces ? C'eft fans doute parce que le Procureur-Général Syndic s'écrioit, en parlant de l'Expofant : c'eft lui qui s'appelle l'*Ange tutélaire d'une Société qu'il fait agir & mouvoir à fon gré, pour laquelle il délibere feul dans fon cabinet, où fes infirmités le détiennent, & d'où il dicte des délibérations ou des pétitions à des citoyens aveuglés par leur bonne foi, & la plupart illitérés.*

Peut-être que ce Procureur-Général Syndic a cru qu'il eft auffi aifé à l'Expofant de faire agir & mouvoir à fon gré une grande Société, qu'il a été facile à lui-même de faire mouvoir fon tribunal éphémere. On voit bien que c'eft cette refpectable Société, ce boulevard redoutable à l'ariftocratie, qui a déja fauvé la ville d'Aix, qui le gêne dans fes entreprifes. Il a cru la renverfer en faifant difparoître fon chef.

Mais fes efpérances font vaines. La contenance fiere de cette Société doit déconcerter ce Procureur-Général Syndic. Il doit fe repentir déja de l'avoir outragée, en comparant fes membres à des mannequins que l'Expofant faifoit mouvoir à fon gré, & en les traitant d'*aveugles* ou de *gens illitérés.*

Eft-ce ainfi qu'on outrage des hommes libres, des hommes que le plus pur patriotifme a réunis, que l'amour de la *Conftitution* lie ?

Et fi ce Procureur-Général Syndic eût pu prévoir que cette même affemblée lui donneroit un démenti formel dans fes délibérations prifes aux féances des 11 & 25 mai dernier ; & fi cette Société intervient dans cette inftance, pour demander aux lois & à la juftice une réparation authentique des outrages que cet adminif-trateur s'eft permis vis-à-vis d'elle dans fon expofition de plainte; fi elle révendique, comme elle l'a déja fait dans le difcours de fon préfident, & fes délibérations qui ont été rendues publiques par la voie de l'impreffion le 18 du courant, après que des extraits en forme en ont été envoyés aux trois corps adminiftratifs, comment la juftice pouvoit-elle regarder comme corps de délit des ouvrages qui appartiennent exclufivement à une Société, & informer contre un tiers à qui on ne peut les attribuer, en fuppofant même qu'il les eût faits ?

Que les pétitions & délibérations de la Société des Anti-politiques préfentent un corps de délit, nous voulons le fuppofer un moment : quelle abfurdité barbare a pu s'en fervir pour faire informer contre un tiers, & quel juge plus barbare encore a pu recevoir une pareille expofition, informer contre ce tiers fur cette piece, & le décréter de prife de corps ?

Les faftes de l'hiftoire de notre ancien Palais ne préfentent point de pareils brigandages & de telles horreurs.

On a donc informé fur un prétendu corps de délit, qu'on favoit être totalement étranger à l'Expofant. Ce fixieme moyen de caffation eft encore plus fort & plus faillant que les autres.

Il n'y a donc point de délit ou de corps de délit ; on a donc informé fans corps de délit ; on a décrété de prife de corps fans délit.

Mais non, il en exifte un de corps de délit bien caractérifé, bien formel ; ce n'eft pas celui qu'on accufe, qui l'a commis ; mais c'eft l'Accufateur lui-même qui s'en eft rendu coupable au nom des trois adminiftra-tions. C'eft ce Procureur-Général fyndic qui a eu l'impu-dence de dire : *qu'il croiroit remplir imparfaitement les vues de l'Adminiftration, s'il n'ajoutoit que dans le fieur Abbé Rive tout indique plutôt un état délirant, un vrai égarement d'efprit, que le deffein & l'intention de nuire ;* & plus bas, en difant, d'après l'arrêté du Département, *que l'Expofant manifefte des opinions capables de troubler l'ordre public, & d'alarmer les citoyens fur leur fûreté,* il ajoute que fon tribunal éphémere *doit vérifier, fi les actes dénoncés par les trois Corps adminiftratifs procedent d'un égarement d'efprit , c'eft-à-dire , d'une véritable folie , ou s'ils ont pour caufe la malice & le deffein de nuire ,* &c.

Quels outrages plus fanglants peut-on faire à un homme, fur-tout à celui que prefque tout les favans de l'Europe fe font empreffés & s'empreffent encore de confulter ! *Vid.* fa Chroniq. litt.

Eft-ce une raifon délirante qui a ofé le faire, ou une méchanceté réfléchie, qui a porté un Adminiftrateur à un tel excès d'audace ? Un Tribunal légal, des Juges impartiaux auroient informé, auroient décrété celui qui leur préfentoit une telle diatribe. Mais tout étoit permis à ce Procureur Général fyndic vis-à-vis du Tribunal qu'il avoit compofé.

Paffons aux moyens de caffation qu'opéreroient feules les violations des formalités.

De tous les tems on a regardé les formalités des lois comme autant de barrieres facrées que la prudence avoit élevées contre l'injuftice.

Nous avons vu dans l'analyfe de la procédure que nous avons faite, que l'Accufateur public a figuré dans cette procédure fans miffion légale ; qu'il a même commis un faux, en vifant un décret de foit à lui montré qui n'exifte pas. Il a donc requis fans miffion des parties & du Tribunal, & a rempli des fonctions que la loi ne lui déléguoit point.

Or tout eft de rigueur en matiere criminelle. Les formalités y doivent être fi rigoureufement obfervées, que fi l'on en manque une feule, la procédure eft nulle de plein droit, & doit être caffée. Ce feptieme moyen de nullité & de caffation eft imparable. Il n'y a point de partie publique dans cette procédure, du moins quant à l'accufation. C'eft une violation de la loi, qui la feroit crouler de fond en comble s'il exiftoit un corps de délit, ou s'il y avoit matiere à informer.

Mais fi l'Accufateur public y figure fi mal, &

comme le pur écho du Procureur-Général fyndic, *en querellant l'expofant en écrits & libelles infidieux, diffamatoires, calomnieux, & manifeftant des opinions capables de troubler l'ordre public, & d'alarmer les citoyens fur leur sûreté* (1), voyons du moins fi le Commiffaire du Roi, dont le miniftere eft de faire exécuter la loi, a rempli fes fonctions & fes devoirs avec l'impartialité & l'exactitude d'une homme impaffible comme la loi dont il furveille l'exécution.

---

(1) L'Expofant doute fi l'Accufateur public a bien compris le fens des termes dont il s'eft fervi, lorfqu'il a ainfi querellé l'expofant, & fur-tout en *libelles infidieux*, & s'il s'eft bien reffouvenu de la maniere dont parle de lui une piece de la groffe procédure, cotée n°. 13-, où le Diftrict adminiftrationnel d'Aix rendant compte au Directoire du Département d'un écrit adreffé par l'Expofant à ce même Directoire, dit en propres termes que *cet écrit eft du ton le plus refpectueux.*

On lit au bas de cet écrit, parmi les fignatures qui y font poftpofées, celle du nommé *Velyxandre.*

Comment peut-il fe faire que fi un Accufateur public ne fe trouve pas confpirer dans un complot, il ne profite pas de la piece dont on vient de parler pour faire revenir les efprits, & pour leur bien faire fentir que l'Abbé Rive écrivant en fon propre nom des écrits dont il doit répondre en perfonne, ne fe dérobera jamais au refpect qu'il doit à des Adminiftrateurs, & qu'ainfi on ne doit pas lui faire des reproches & de fauffes imputations, quand il n'eft que rédacteur des ouvrages d'une Société refpectable & véritable gardienne de la liberté nationale?

Mais l'Expofant, après avoir conduit l'Accufateur public aux pieds de la Juftice, fe réferve de l'anéantir dans l'opinion publique, & de lui imprimer bien avant dans la tête ce qu'il n'a pas voulu fentir lui-même à la pag. 140 de fa *Lettre vraiment philofophique à l'Evêque de Clermont*, dont il lui a fait préfent en décembre dernier, *que la haine des hommes puiffans dans les lettres, provoquée par les plus groffiers manquemens, les aftuces les plus méprifables, & les injuftices les plus révoltantes, eft une grêle de plomb qui fe renouvelle d'inftant en inftant par les écrits les plus terribles contre ceux qui fe la font fufcitée, jufqu'à ce que leur exiftence politique foit mife en lambeaux, & qu'elle fe transforme tout-à-fait en ombre hydeufe & fugitive.*

Ce Commissaire du Roi remplace l'Accusateur public, & c'est à la suite de l'information, dans laquelle 34 témoins ont été entendus, qu'il a donné ses conclusions, d'après un décret de soit montré, le 19 mai. Ce Commissaire du Roi vise toutes les pieces, & voici comme il baptise la diatribe monstrueuse & *délirante* du Procureur-Général Syndic.

Vu la dénonciation des trois Corps administratifs, portée en l'exposition de plainte par M. le Procureur Général syndic le 2 du mois de mai courant, le décret de soit montré à M. l'Accusateur public, en date du 5 du même mois, sa plainte rendue le même jour, &c.

Le Commissaire du Roi a reconnu que la dénonciation faite au nom des trois Corps administratifs, renferme une exposition de plainte. Il n'a donc pas dû, dans ses conclusions, reconnoître l'Accusateur public comme partie plaignante principale. Il auroit dû requérir d'office la cassation de la procédure, à la vue de toutes les monstruosités par lesquelles elle est défigurée.

L'on peut dire, sous ce point de vue, que le Commissaire du Roi a prévariqué dans ses fonctions. Il y a plus : il vise un décret de *soit montré à l'Accusateur public*, qui n'existe pas ; preuve certaine qu'il a donné ses conclusions sans avoir lu la procédure. Or, viser dans des conclusions, des décrets qui n'existent pas, est un huitieme moyen de nullité & de cassation contre cette procédure abominable, tramée par une cabale infernale.

Il est donc démontré que le Commissaire du Roi a donné des conclusions, & qu'il a conclu à un décret de prise-de-corps sans avoir lu la procédure. Aussi il n'a point motivé ses conclusions ; & comment les auroit-il motivées ? Les dépositions des témoins ne présentent aucune charge. Des trente-quatre témoins qui compofent le cahier d'information , il n'y en a pas un qui dépofe contre l'Expofant. Tous difent *ne rien favoir* (1).

L'information littéraire ne préfente pas non plus des charges. Nous avons vu que la plupart des pieces jointes à la procédure , font étrangeres à l'Expofant. Elles appartiennent à la Société des Anti-Politiques, qui les révendique hautement , & attend de pied ferme l'attaque du Procureur-Général fyndic.

----

(1) Quoique les témoins difent *ne rien favoir* , l'Expofant ne dit pas de même, & d'après le complot qu'il peint dans cette piece , il fait obferver en paffant , que parmi ces témoins il y en a eu un qui eft d'une *infigne véracité.*

C'eft *Barthelemi Gibelin* , homme de Loi & Imprimeur, frere du municipal de ce nom, & coufin-germain du Maire d'Aix , qui, pendant environ trois ans, a été à Paris l'éleve de l'Expofant dans le droit naturel, dans le droit civil, romain & français , ainfi que dans la bibliographie.

C'eft encore le frere de ce SAVANTAS Sous-bibliothécaire , pour la défenfe duquel la très-érudite ville d'Aix a fourni à l'Expofant la matiere de *la Chaffe aux Bibliographes*, de fa *Chronique littéraire*, & une très-grande partie de fa *Lettre vraiment philofophique à l'Evêque de Clermont* , &c. &c.

Ce *Barthelemi Gibelin*, interrogé s'il n'eft ni parent ni allié des parties , a répondu, nonobftant fa fraternité & fa *coufinerie* CONSANGUINO-MUNICIPALES , n'être ni l'un ni l'autre.

Voilà un genre de témoins bien fideles ; comme fi un corps moral n'étoit pas à l'inftar d'un corps phyfique , & que les relations de parenté qui lient à celui - ci, s'éclipfaffient lorfqu'il eft queftion des mêmes individus, qui, par leur agrégation morale , forment celui-là.

Les hommes de bien, qui font fi portés d'eux-mêmes aux vertus, & fi éloignés du mal par l'amour de la vertu même , *oderunt peccare boni*, *virtutis amore*, Hor. *Ep.* 15, liv. 1, v. 5, p. 5, ne manqueront pas certainement d'admirer dans ce Maire d'Aix l'infigne reconnoiffance qu'il témoigne à l'Abbé Rive dans cette affaire horrible , & ils concluront très-volontiers que puifque la nature ne l'a pas rendu reconnoiffant, il faut que le glaive de la Juftice grave dans fon ame cette reconnoiffance par de grands dommages.

La procédure ne préfentoit donc ni charges , ni corps de délit.

Quels font les motifs qui peuvent avoir déterminé le Commiffaire du Roi à conclure à un décret de prife-de-corps ? Il nous le laiffe ignorer, quoique, par la nouvelle loi, les motifs qui déterminent une décifion fur le fort des hommes , doivent être connus.

Les Juges qui rempliffoient le Tribunal , ont violé pareillement la loi, en prononçant conformément aux conclufions du Commiffaire du Roi, & en laxant un décret de prife-de-corps, contre qui ?..... La plume tombe des mains, & les expreffions manquent pour peindre toutes ces horreurs.

La poftérité ne pourra croire que des Tribunaux établis par la liberté fe foient fouillés d'une pareille atrocité.

Les anciens Tribunaux , avilis fous le poids du defpotifme , dont ils étoient fouvent les inftrumens , auroient redouté la célébrité d'un grand homme; & un Tribunal de remplacement, rempli par des hommes vendus certainement à l'ariftocratie , a eu l'atroce témérité de lever le glaive de la loi fur le génie tutélaire de la liberté, & de le plonger dans les fers , fans ofer y dénoncer le moindre motif ! Quel moyen de caffation !.....

Mais fi de pareils juges ne peuvent refter impunis , que de dommages ne doivent pas leurs moteurs !

La loi qui condamne les accufateurs & les dénonciateurs d'un homme innocent aux dommages & intérêts , eft l'article VII du Chap. 3 de l'Ordonnance de 1670. Cette Loi eft conçue en ces termes :

« Les accufateurs & dénonciateurs qui fe trouveront
» mal fondés , feront condamnés aux dépens, dom-
» mages , intérêts des accufés, & à plus grande peine,
» s'il y échet. Ce qui aura auffi lieu à l'égard de ceux
» qui ne fe feront point rendus parties, fe feront dé-
» fiftés, fi leurs plaintes font jugées calomnieufes. »

Cette

Cette loi n'a pas besoin d'interprétation. Les trois Corps administratifs de la ville d'Aix, sortant des bornes dans lesquelles la loi constitutionnelle les avoit circonscrits, se sont portés, par le ministere du Procureur-Général Syndic, non seulement comme dénonciateurs, mais comme accusateurs. Pour créer un corps de délit, ils ont employé des calomnies aussi absurdes qu'atroces, & par une procédure inquisitionnelle & barbare, il ont causé à l'Exposant des dommages incalculables. La loi que nous venons d'invoquer, les condamne à les réparer.

On est tenu, par la loi naturelle, qui a servi de base au droit civil de tous les peuples, de dédommager des pertes qu'on a causées même par erreur. Aussi un orateur moderne dit :

« Si j'écoute là-dessus la voix intime de ma cons-
» cience, elle me dit que tout homme, dans la
» société, est garant de ses propres actions, & qu'en
» général il doit réparer tous les dommages dont il
» est l'auteur. Combien sont rares, s'écrie-t-il, les
» exceptions à cette loi naturelle, qui crie dans tous
» les cœurs : *tu es homme, répare le mal que tu as*
» *fait à un homme !*

» Je ne sens point que l'erreur même de celui qui a
» fait le mal, le dispense de cette loi ; l'erreur est
» tout au plus un malheur dont on peut se plaindre ;
» mais parce qu'il se trompe, un autre doit-il en
» souffrir ? »

Mais si le dommage a été causé *malo animo* ; s'il est démontré que les trois Corps administratifs se sont coalisés pour perdre l'Exposant ; s'ils se sont prêtés lâchement aux vues des agens du pouvoir exécutif, qui n'avoient été envoyés dans le chef lieu du département que pour servir des animosités particulieres, & favoriser l'explosion que devoit occasionner la fuite du Roi ; s'il est prouvé que leur dessein étoit d'abattre

& faire périr l'homme qui auroit eu le noble courage de parler, d'écrire & de déjouer, par ce moyen, les complots formés contre la liberté, la loi ne les con-damne-t-elle pas à réparer tous les maux qu'ils lui ont faits?

Calculons, s'il est possible, maintenant les dom-mages occasionnés par une persécution qui intéresse tous les citoyens qui ont des droits très-essentiels & très-imprescriptibles à la liberté.

Nous les envisageons sous divers points de vue, & nous allons les calculer sous différens rapports.

1°. Quant à la liberté individuelle ;

2°. Quant au moral & au physique ;

3°. Quant à l'intérêt, c'est-à-dire, aux pertes réelles ;

4°. Quant à la diffamation & à la calomnie.

La liberté est le plus précieux de tous les biens, & quiconque attente à la liberté de son semblable, est un monstre dangereux à la société. L'homme sauvage la préfere à tous les avantages que lui présente la vie sociale. Les premiers pas qu'ont fait nos Légiflateurs dans la carriere de la révolution, ont été de porter une loi qui fût la fauve-garde de la liberté individuelle.

« Nul homme, dit l'art. 7 de la Déclaration des » Droits de l'homme & du citoyen, ne peut être ac-» cufé, arrêté ni détenu, que dans les cas déterminés » par la loi, & felon les formes qu'elle a prefcrites. » Ceux qui follicitent, expédient, exécutent ou font » exécuter des ordres arbitraires, doivent être pu-» nis, &c. »

Aucune loi ne prefcrivoit l'arreftation & la détention de l'Expofant. Il n'étoit coupable d'aucun délit. Cela est reconnu par l'expofition même de plainte du Pro-cureur-Général-Syndic, puifqu'il est forcé d'avouer que l'Expofant a manifefté *des opinions capables de troubler l'ordre public & d'alarmer les citoyens fur leur sûreté.*

Or, l'ordre public n'a point été troublé par les opinions de l'Expofant. Les citoyens n'ont pas manifefté leurs alarmes fur leur sûreté. L'opinion du Procureur-Général Syndic, fur un futur contingent, n'eft pas un délit contre l'Expofant.

S'il y a un délit, c'eft le Procureur - Général Syndic qui s'en eft rendu coupable, en manifeftant une telle opinion en forme de plainte judiciaire. La loi ne prononçoit donc point un décret de prife de corps contre l'Expofant. Le décret de prife de corps eft au contraire un attentat contre la loi qui défend les arreftations arbitraires, & met tous les citoyens fous fa fauve-garde. La loi déclare en même temps que ceux qui follicitent, expédient, exécutent ou font exécuter de pareilles arreftations, doivent être punis.

Le Procureur-Général Syndic a follicité, au nom des trois Corps adminiftatifs, un décret de prife corps. Il a fait monter à ce tribunal, que les véritables juges avoient déferté, on ne fait comment, des hommes de loi, tous difpofés à lancer arbitrairement un décret de prife de corps. Il avoit employé méchamment les agens du pouvoir exécutif, pour leur faire requérir la force publique, afin de mettre à exécution ce décret de prife de corps arbitraire. Trois Huiffiers, diverfes brigades de la Gendarmerie Nationale avoient été mis en mouvement. Un corps confidérable du régiment d'*Erneft* avoit reçu l'ordre d'affifter les exécuteurs du décret de prife de corps, & de les efcorter jufqu'au *Pin*, où un détachement du régiment de la Mark les attendoit. (1)

Cet enlévement criminel & fcandaleux devoit avoir

____

(1) Quelles mains ces exécrables agens du pouvoir exécutif avoient-ils requifes pour faire exécuter un enlévement auffi violent, auffi illégal !

Ne furent-elles pas celles du Commiffaire du Roi du Tribunal judiciaire d'Aix, dont l'Expofant fe plaint tant ci-deffus ?

Ce Commiffaire du Roi connoît-il parfaitement les décrets, & fur-tout celui de l'art. 10 du 28 février de cette année, qui a reçu la fanction accoutumée ?

E 2

lieu en plein jour, au milieu d'une grande ville, comme pour braver la majefté du peuple marfeillois, ou exciter un défordre qui fournît aux ennemis de Marfeille l'occafion d'y venir déployer leur defpotifme, & tenir des fers tous prêts, fi la fuite du Roi eût amené une contre-révolution. (1)

C'eft depuis cette époque que l'Expofant a perdu fa liberté. Que de dommages n'a-t-il pas à prétendre à raifon de cet attentat !

Enfin depuis lors l'Expofant a fouffert au moral & au phyfique des maux qu'il eft impoffible de rendre.

Les grands chagrins affectent l'ame la plus ferme, & fur-tout celle du Philofophe, dont la fenfibilité s'accroît en proportion des épreuves.

L'Expofant étoit-il fait pour fubir de pareilles perfécutions ? Ses ennemis, ou, pour mieux dire, les ennemis du bien public, n'avoient-ils pas efpoir de le plonger dans le tombeau, & faire tomber par ce moyen les juftes réclamations qu'il a formées à raifon

---

« Si un fonctionnaire public, dit ce décret, Adminiftrateur » ou Juge, faifoit employer des violences inutiles, il fera ref- » ponfable de fa conduite à la Loi, & puni fur la plainte de » l'opprimé, &c. »

Comment donc ce même Commiffaire peut-il excufer ces violences contre l'Expofant, dont une hémiplégie lie la moitié du corps ?

Les violences qu'il a employées n'étoient-elles pas inutiles & vraiment illégales, puifque l'Expofant étoit fous les yeux d'un Tribunal vengeur auquel il avoit appellé ?

S'il eft puniffable, ce Tribunal ne fera-t-il pas tomber fur lui toute la vengeance publique à laquelle il fe fera expofé ?

Avoit-il prévu, ce Commiffaire, ce que M. *Robefpierre* diroit, environ deux mois après, à l'Affemblée Nationale...... » *que c'eft à elle à protéger les amis de la liberté contre les vexations qu'ils peuvent éprouver.....?* » (V. la pag. 7 de la broch. intitulée..... *Arrêté inconfidéré, &c.*) &c.

(1) Qu'on fe rappelle que les Commiffaires Civils font partis quelques jours avant la fuite du Roi.

de fa place de *Bibliothécaire* de la ci-devant Provence, & le priver des dommages & intérêts qu'il a à prétendre contre ceux qui ont fait mouvoir mille refforts pour rendre fes juftes prétentions vaines.

Mais fi fon courage a foutenu fes forces ; s'il n'a pas tout-à-fait fuccombé aux chagrins , dont on a cherché à empoifonner une vie fi précieufe aux lettres & à l'humanité, que n'a-t-il pas fouffert au phyfique ?

Ses infirmités font connues. Lorfqu'on a attenté à fa liberté, on n'a pas refpecté fa propriété. On a annoté, faifi tous fes effets. Il ne lui eft refté que l'habit qu'il avoit fur le corps, quoique d'hiver; il eft obligé de fouffrir par les grandes chaleurs. Il ne lui eft refté auffi que la chemife qu'il portoit ce jour-là, & il lui faut emprunter du linge étranger. Il y a trois mois révolus qu'il eft dans ce trifte état. Son cabinet, fes livres, fes papiers, tout a été annoté & faifi. Parmi ces papiers, il en eft d'un genre dont la privation eft très-*damnifere* pour l'Expofant dans les circonftances préfentes. Il fe propofoit depuis le mois de janvier dernier d'aller à Paris, comme il l'a déja annoncé dans fes *lettres aux Commiffaires liquidateurs des trois Départemens*, & comme cela confte encore dans une lettre manufcrite au Directoire de celui des Bouches du Rhône, qui eft jointe à la procédure, cottée fous le n°. 12 de la groffe.

Ce voyage avoit pour principal objet de faire juger par un des nouveaux Tribunaux de cette ville le procès très-majeur & très-important qu'il a avec la Dame ci-devant Ducheffe de CHATILLON, à laquelle il demande cent foixante mille livres.

Ces papiers fe trouvent parmi les effets annotés & faifis à Marfeille.

Ainfi, en attentant à fa liberté, on l'a privé encore du moyen de faire paffer ces mêmes papiers dans la Capitale de l'Empire français. On a donc caufé, par cette procédure tortionnaire, un délabrement univerſel dans toutes ſes affaires, & plongé le poignard dans ſon ſein. Quelle cruauté! quelle barbarie! Faſſe le Ciel qu'aucun de ces papiers ne ſe ſoit égaré, en paſſant par des mains ſi gauches & ſi brutales!

Qu'on juge maintenant ſi ces privations ne ſont pas capables d'altérer le phyſique, & d'abréger la vie d'un homme affligé d'ailleurs d'une hémiplégie que tout le monde connoît. Les dommages & intérêts, ſous ce ſeul point de vue, ſont infinis & incalculables.

Mais les pertes réelles qu'on a occaſionnées à l'Expoſant ſont d'une nature à pouvoir mieux être appréciées, ſi toutefois l'on peut apprécier la perte que fait la république des lettres, lorſqu'elle eſt privée des ouvrages qu'un ſavant auroit commencé de mettre au jour, s'il eût joui de la liberté.

Mais ce que l'Expoſant a réellement perdu, ce ſont les dépenſes extraordinaires qu'on lui a occaſionnées pour venir ſe défendre à Marſeille. Pour avoir ſeulement la groſſe de ſa procédure, il a été obligé de faire faire ſept voyages à Aix par un Huiſſier, pour forcer le Greffier à expédier la groſſe de cette procédure.

Ce Greffier, enhardi ſans doute par les chefs de la cabale, ſe moquoit des décrets des Juges d'appel.

Ces vexations d'un nouveau genre n'étoient imaginées que pour faire éprouver à l'Expoſant d'éternelles longueurs.

Forcé de ſe tranſporter à Marſeille, l'Expoſant a été obligé de ſuſpendre ſes travaux littéraires, & d'abandonner ſur-tout un ouvrage important pour toute l'Europe ſavante, qui devoit lui rendre net à lui plus de 45,000 liv., ſans compter d'autres divers ouvrages qui ſortent de temps en temps de ſa plume, d'après l'annonce qu'on voit dans ſa *Chroniq. Littéraire*, depuis la page 15 juſqu'à la page 23.

Ces ouvrages annoncés ſont au nombre de 65; &

Il n'y en a pas un qui ne doive produire au moins mille écus nets.

Qu'on calcule, d'après ce tableau, & les pertes que fait l'auteur, & celles que fait la république des lettres; c'est d'après cet apperçu que la justice doit évaluer les dommages qui sont dus à l'Exposant.

Mais il en est d'une autre nature & non moins importans pour l'Exposant, ceux qui lui sont dus à raison de la diffamation & de la calomnie.

» La diffamation, dit un auteur que ses malheurs
» & ses talens ont rendus célebre, est au moral ce
» que l'empoisonnement est au physique. C'est un genre
» d'attaque contre lequel il est comme impossible de
» se défendre. Il est mille fois plus aisé d'accréditer un
» propos qui tue l'honneur d'un citoyen, que de faire
» passer dans son corps une composition mortelle.
» La peine devroit donc être proportionnée à la diffi-
» culté de s'en garantir. On ne connoît presque point
» d'antidote contre la calomnie ; au lieu qu'on n'est
» pas sans ressource contre le poison. D'ailleurs le
» breuvage funeste n'est ordinairement versé que par
» une main seule, que les remords ou la crainte du
» supplice peuvent arrêter ; mais avec quelle hardiesse
» ne se comporte pas le diffamateur, quand la diffa-
» mation ne lui paroît plus qu'un jeu de la société,
» & qu'il peut mettre dans son parti les hommes
» jaloux du vrai mérite, ou ces êtres réputés plaisans,
» qui se font une ressource contre l'ennui de voir
» disséquer le malheureux, qui souvent n'a d'autre tort
» que celui de l'absence ! Tout ce qui pour lors n'est
» point contredit, passe pour incontestable.

» Bientôt l'imposture la plus révoltante acquiert,
» sans autre examen, la force de la vérité. On se
» souvient seulement qu'on a entendu la chose comme
» vraie, & on la répete à des auditeurs pourvus d'une
» facilité aussi crédule; bientôt s'éleve un cris universel,

» qui prononce la condamnation de l'infortuné que l'on
» ne connoiſſoit pas, ou que l'on connoiſſoit mal.

» On ſe trouve enfin au point que la vertu elle-
» même ſe croit obligée d'y ſouſcrire. Les hommes
» qui la jouent le proſcrivent, pour faire croire qu'ils
» ne lui reſſemblent pas; & ceux qui la pratiquent le
» dévouent à l'ignominie, pour purger la ſociété d'un
» membre qu'ils croient capable de la déshonorer ».

Dareau, qui rapporte ce morceau dans ſon Traité
des Injures, ajoute à la page 7 ces réflexions:

» Qu'il en coûte au malheureux, dans ces momens,
» pour rendre ſon innocence auſſi notoire que pouvoit
» l'être ſa diffamation ! Un jour de calomnie demande
» des années entieres pour l'effacer. Ses bleſſures, ſi
» elles ne ſont pas abſolument incurables, laiſſent
» du moins des cicatrices, qui, quelquefois, paſſent
» d'une génération à l'autre........ Les ravages en ſont
» affreux.

» La peine du talion, qui eſt de faire ſupporter à
» l'accuſateur la peine que la fauſſe délation pouvoit
» provoquer contre l'accuſé, étoit celle de la calomnie
» chez les Juifs & chez les Egyptiens.

» Par la loi *Remmia*, les calomniateurs, chez les
» Romains, devoient être marqués au front de la
» lettre K. La déportation ou la rélégation ont été
» en uſage ; mais aujourd'hui, parmi nous, le
» châtiment eſt arbitraire.

» De toutes les eſpeces d'injures, la calomnie eſt
» la moins pardonnable. La médiſance ſuppoſe un
» fond de vérité qui ſemble l'excuſer ; mais, pour la
» calomnie, c'eſt la méchanceté toute pure qui l'en-
» fante. Elle part d'une ame vile & corrompue, &
» ne peut jamais exciter que la plus vive indignation. »

La ſource impure d'où partent toutes les calomnies
qui pourſuivent l'Expoſant, eſt connue. Elle ſort de
l'*expoſition* de plainte du Procureur - Général Syndic,

au

au nom des trois Corps adminiſtratifs coaliſés. Elle ſort de cet arrêté du Directoire du Département auſſi indécent, auſſi calomnieux que l'expoſition de plainte, & dont l'impreſſion a été ordonnée, ainſi que l'envoi à toutes les Municipalités, afin de mieux répandre la diffamation, nonobſtant l'appel interjetté par l'Expoſant devant le Tribunal du Diſtrict de cette ville.

Ce qui eſt infiniment atroce, c'eſt que le Diſtrict adminiſtrationnel d'Aix, en faiſant imprimer cet arrêté du Directoire du Département, ne le trouvant pas aſſez injurieux, s'eſt permis d'y mettre à la tête une eſpece de préface des plus plattes, mais des plus ſanglantes (1).

---

(1) Si ce qui eſt infiniment atroce, &c. pouvoit recevoir un degré de plus d'atrocité, nous le trouverions dans l'infidélité qui regne ſur les pag. 15 & 17 de cet arrêté imprimé.

On y cite un ordre de l'Aſſemblée Nationale donné aux Corps adminiſtratifs, dans ſon inſtruction du 12 août 1790, ch. 1, 6, 8, pour dénoncer aux Tribunaux ceux qui, abuſant de l'ignorance du peuple, le rempliſſent d'illuſions & l'égarent par de fauſſes idées de liberté, afin d'obtenir, au prix de quelque châtiment mémorable, le retour abſolu de la tranquillité.

Les Français, qui ſe ſont donnés d'eux-mêmes des Repréſentans, ne leur ont donné que des pouvoirs nationaux, & n'ont jamais prétendu leur communiquer une *rectitude métaphyſique* que les grands génies poſſedent ſeuls.

En effet, que ſignifient les mots de notre auguſte Aſſemblée Nationale..... *fauſſes idées de liberté ?* Y a-t-il de fauſſes idées ſous le regne de la philoſophie ?

Il eſt très-bizarre & très-ſingulier que les gens du Diſtrict d'Aix, au bas de la premiere des 10 pages qu'ils ſe ſont permis de faire imprimer ſans autoriſation, au devant de l'Arrêté du Directoire du Département, nous parlent *d'autorité conſtitutionnelle*; comme ſi, ſous le regne de la liberté, on a droit d'aſſervir les hommes à des autorités, & ſur-tout lorſqu'elles ſont tirées de très-mauvais écrivains & vendus au deſpotiſme.

Ce ſont des autorités de cette eſpece, & par conſéquent des autorités très-révoltantes qui précedent, ſur la pag. 17, le paſſage infidele que l'on va reprocher au loyal Procureur-Général Syndic.

F

De cette source impure sortent encore tous ces bruits calomnieux, qu'on répand journellement dans Marseille contre l'Exposant. Il ne se passe aucun événement, il ne se fait aucune pétition légale, que le tout ne lui soit attribué.

Les ennemis du bien public, qui fourmillent à Aix, ont des correspondans à Marseille; & la diffamation s'y répand à un tel point, qu'on diroit que ces ennemis secrets ont l'espoir d'en faire une autre Athenes, pour y faire périr un autre Socrate.

Cet homme, que l'Abbé Rive a menacé de fendre en deux par son glaive logical, dans une lettre qu'il a écrite en avril au Directoire de son Département, & qu'il n'a pas osé glisser dans la procédure qu'il a prise contre lui, parce qu'il y figuroit trop en petit garçon, a eu l'habileté loyale & véridique de rapporter ainsi le texte de cette *instruction* à laquelle il se réfere.

» Ils réfléchiront aussi que lorsque dans des tems de trouble,
» le peuple, se livrant à la licence, oublie momentanement le
» respect dû aux dépositaires de l'autorité, les excès sont le plus
» souvent inspirés ou encouragés par les ennemis du bien public ;
» que ce sont eux - mêmes qui, abusant de l'ignorance du peu-
» ple, le remplissent d'illusions, & l'égarent par de fausses
» idées de liberté ; & qu'eux seuls sont les vrais coupables, qu'il
» seroit principalement important de découvrir & de dénoncer
» aux tribunaux, pour obtenir, au prix de quelque châtiment
» mémorable, le retour absolu de la tranquillité publique. »

Où est-ce que ce Procureur-Général Syndic a découvert des troubles causés par les Anti - politiques d'Aix, pour détacher le passage dont il a abusé contre l'Abbé Rive, d'une réflexion de l'Assemblée Nationale, qui ne porte les Administrations à faire punir que dans de pareils tems ?

Ce Procureur - Général Syndic, qui a l'audace injuste & *damnifère* de mutiler ainsi les textes, mérite-t-il la moindre confiance dans aucun écrit ?

Il n'est pas encore échappé à la main de l'Abbé Rive : qu'il redoute sa plume qu'il fait être un vrai marteau contre tous ceux qui trahissent la vérité, & qui veulent enlever à la patrie les courageux défenseurs de sa liberté.

Mais le génie tutélaire du Patriotifme, mais l'amour de la liberté triomphera des vains efforts & des complots obfcurs de ces êtres méprifables faits pour ramper fous le joug cruel du defpotifme.

Revenons aux dommages dus à l'Expofant à raifon de la diffamation & de la calomnie. Les auteurs doivent y être condamnés, non en corps adminiftratifs, mais comme de fimples particuliers, & perfonnellement & folidairement refponfables d'une fi horrible diffamation.

Voici quels font les principes fur cette matiere, puifés dans Dareau que nous venons de citer.

» Lorfque la calomnie, dit-il, fait la bafe d'une
» accufation judiciaire, elle devient plus repréhenfible
» par le danger qu'a couru l'accufé, & par la malignité
» de l'accufateur. Il y a des cas où cette calomnie fe
» fuppofe, quand même l'intention de calomnier ne
» feroit point manifefte ; c'eft, par exemple, lorfque
» la plainte fe trouve mal fondée à défaut de preuves
» ou autrement. Il y a plus : le défiftement volontaire
» d'une plainte ne met pas à l'abri d'une réparation.
» Il fuffit qu'on ait accufé fans fondement, pour qu'on
» foit au moins dans le cas des dommages-intérêts ».

L'Auteur rapporte là-deffus l'art. 7 du titre 3 de l'Ordonnance de 1667 que nous avons citée plus haut.

Cette plus grande peine, dont parle cette Ordonnance, eft quelquefois *l'amende honorable*, *l'amende pécuniaire*, *le blâme*, *le banniffement*, &c. fuivant les circonftances.

Voici quelques exemples de punition pour fait de calomnie.

Un fieur *Bordua* afpiroit à un office de Notaire. Ce fieur *Bordua* avoit déplu à la Communauté des Procureurs de Lyon. Les Procureurs, pour le traverfer, engagerent des payfans à faire contre lui une dénonciation calomnieufe de faits graves. Le fieur *Bordua* fut obligé de fe défendre ; mais étant parvenu à fe difculper, il obtint, par Arrêt du 30 mai 1756, une condamnation de dix mille livres de dommages-intérêts contre la Communauté.

Exemples de punition plus févere.

Par Arrêt du Parlement de Paris, du 14 janvier 1715, plufieurs dénonciateurs calomnieux ont été condamnés en 40,000 liv. de dommages-intérêts & en tous les dépens, envers un fieur *Perfèval*, Maire de Nogent-le-Rotrou; les uns, en outre, à neuf ans de banniffement, & les autres à demander pardon à Dieu, au Roi, à la Juftice & au fieur Perfeval, nue tête, en la Chambre de la Tournelle.

Par autre Arrêt du 31 du même mois même année, rapporté au Journal des Audiences, un ancien Greffier-Criminel du Châtelet de Paris fut condamné en l'amende honorable & au banniffement à perpétuité, pour avoir accufé fauffement une Dlle. *Richard*, fille majeure, d'un vol avec effraction.

Par jugement en dernier reffort, rendu en la police de Paris le 4 avril 1734, deux particuliers furent condamnés en cinq ans de banniffement, & l'un d'eux à être attaché au *Carcan*, pour avoir fauffement dénoncé une Catherine - Therefe *Meunier* comme coupable de contrebande.

Un arrêt du Parlement de Bordeaux du 5 février 1734, condamne plufieurs calomniateurs, entr'autres un nommé *Beftaven*, à être conduit par un huiffier de la cour, en pleine audience, & là, nue tête, à genoux, & les fers aux pieds, déclarer, en préfence de l'accufé, fi bon lui femble, & de quatre de fes parents ou amis, que calomnieufement il a compofé ou fait compofer, figné & fait préfenter à M. le Chancelier le placet diffamatoire en queftion; & les autres, à genoux, déclarer que calomnieufement, &c. ils font entrés dans le complot, &c.

L'arrêt condamne en même temps *Beftaven* à un

bannissement de trois ans, en 2,000 liv. de dommages & intérêts, en une amende envers le roi, & les autres chacun en 3 liv. 10 s. d'amende aussi envers le roi.

Les calomnies consignées dans les regiftres des Administrations, imprimées & envoyées à toutes les municipalités, font un crime public, qui eft infiniment plus puniffable que toutes celles que nous venons de rapporter.

Elles attaquent non feulement l'honneur & la probité de l'Expofant, mais fon état & fon exiftence dans le *Monde* favant de la republique des lettres.

On a proclamé un arrêté, dans lequel on annonçoit au peuple que l'expofant étoit dans un état de démence, & que les trois adminiftrations étoient obligées de le livrer à un tribunal de juftice pour faire prononcer fur fon état.

Attaquer ainfi un favant qui n'a d'autres reffources que dans fes ouvrages, à raifon defquels il a contraƈté de grands engagemens par des foufcriptions importantes envoyées de toute l'Europe, c'eft attenter à fa vie, c'eft l'affaffiner.

Auffi la peine d'un tel délit pouvoit-elle anciennement aller jufqu'à la mort, la loi ne mettant prefque point de différence entre affaffiner quelqu'un, ou répandre des libelles contre fa réputation.

La derniere jurifprudence des tribunaux réduifoit la peine à des dommages-intérêts proportionnés à la gravité du délit, indépendamment de l'amende honorable, du carcan & du banniffement.

On trouve chez les Romains une ancienne loi, conçue en ces termes:

Si quis publicè aliquem diffamuerit, eique convicium fecerit, vel carmen famofum condiderit ad alterius injuriam, fuftibus feriatur.

Dans le cas préfent, l'on voit que la calomnie a porté doublement atteinte & fur la réputation & la probité de l'expofant , & fur fa fortune & fon exiftence.

Les dommages-intérêts doivent être proportionnés à ce double objet , à la perte réelle que l'expofant a faite à raifon d'une diffamation fi meurtriere.

Toutes ces pertes réunies, tous ces dommages calculés vont au moins à la fomme de cent cinquante mille livres, fauf au miniftere public à requérir , pour la vindicte publique, telle peine qu'il avifera.

Mais l'impreffion & l'affiche du jugement font d'autant plus néceffaires , que la diffamation & la calomnie ont eu la plus grande publicité , foit par l'impreffion, foit par l'envoi à toutes les municipalités du département.

Il eft temps de jetter les yeux fur l'enfemble de cette *Caufe*. Elle nous retrace le fameux tableau qu'*Apelles* fit de la calomnie à *Ephefe* , lorfqu'il fut échappé au fupplice auquel il avoit été condamné , fur une fauffe accufation d'avoir confpiré contre *Ptolémée* , Roi d'Egypte.

Ce grand Peintre, un des plus célebres de l'anti-quité, avoit placé fur la droite du tableau, la *crédulité* aux longues oreilles, tendant les mains à la *calomnie* qui s'avançoit. L'*ignorance*, fous la figure d'une femme aveugle, étoit auprès de la *crédulité*, de même que le *foupçon*, repréfenté par un homme agité d'une in-quiétude fecrete, & s'applaudiffant fecrétement de quelque découverte. La *calomnie*, fous la figure d'une belle femme (1), mais au regard terrible & enflammé,

---

(1) Il paroît à l'Abbé Rive entendre d'ici les reproches amers de certains calomniateurs d'Aix , fur l'efpece de déférence qu'il a en ce lieu pour *Apelles*.

Ils improuvent qu'il peigne comme lui la calomnie *fous la figure d'une belle femme*.

Comme ils lui fuppofent un cœur plein de fiel & un efprit

occupoit le milieu du tableau, secouant de la main gauche un flambeau allumé, & traînant de la droite par les cheveux l'*innocence*, repréfentée par un enfant qui levoit les mains au ciel, & fembloit prendre les Dieux à témoins. L'*envie*, aux yeux perçants, & au vifage pâle & maigre, précédoit la *calomnie*, & elle étoit fuivie de l'*embûche* & de la *flatterie*. On voyoit dans l'éloignement la *vérité* qui s'avançoit lentement, & qui conduifoit le *repentir* en habit lugubre, ayant les yeux baignés de larmes, & le vifage couvert de honte.....

Quelle force ! quel génie dans cette allégorie !

Que les perfonnes qui jouent un rôle dans cette abominable accufation, y viennent prendre leur place (1).

DÉLIRANT, ils euffent defiré, pour pouvoir le mieux décrier, que les abominables calomniatrices de leur ville, qui ont levé contre lui une torche factieufe & incendiaire, n'euffent eu fous fa plume que la cruelle phyfionomie de cette furie endiablée qui court leurs rues le jour folemnel des folies dramatiques de leur *captieux* Réné de l'efpece des *démophages*, c'eft-à-dire, *mangeurs de peuples*.

Mais les calomniateurs ignorans & infenfés n'entendent rien au PRÉPOU, c'eft-à-dire, au *décorum* des Artiftes ; & comme l'Abbé Rive s'en eft nourri pendant toute fa vie, il n'a aucunement voulu s'éloigner du coftume qui a été mis au jour par le grand Peintre qu'il a cité.

(1) L'ᵃbbé *Rive* n'en affigne aucune, dans ce tableau, au TRES-INS!GNE VIOLET JEAN DE DIEU, jadis grand defpote Métropolitain de la très-*irrépréhenfible* cité d'Aix ; mais comme il a été l'odieux auteur de toutes les perfécutions atroces que cet abbé a fouffertes depuis cinq ans dans cette Ville, qu'il lui foit permis de rappeller ici, au foutien de ce tableau, le portrait qu'il a fait de ce VIOLET fur les pages 274, 279 de fa *Lettre vraiment philofophique*, &c., à laquelle il défie aujourd'hui, avec beaucoup plus de raifon que ne le fit dans le fiecle dernier l'auteur d'un livre intitulé.... *Le Poliffeur du Miroir*, tous les Pie VI préfens & futurs de répondre.

Tel eft, Monfeigneur, (ce très-louable Evêque de Clermont }

L'expofant a montré la vérité , dans tout fon éclat, à la juftice ; il eft temps que la loi prononce contre fes infames calomniateurs.

---

votre peftiféré *Jean de Dieu*, que je ne cefferai de pourfuivre, comme je vous l'ai déja promis , en tout temps & en tout lieu.

Oui , Monfeigneur , telles font aujourd'hui , & telles feront éternellement mes difpofitions ; & fi vous trouvez bon que je l'apoftrohe , & que je lui parle en face , je lui intimerai moi-même , fans aucune crainte & fans aucun ménagement, cette redoutable menace de la folle amante de Carthage au pieux Enée, fondateur non d'un Penfionnat ridicule de filles foi-difantes de qualité dans un coin de diocefe , mais du vafte & magnifique Empire romain.......

OMNIBUS UMBRA LOCIS ADERO , DABIS , IMPROBÉ , PŒNAS.

Æneid. lib. 4.º *v.* 386.

Es - tu , vil *Mitrophore* que je regarde moi-même comme au-deffous du *zer via zero* des Italiens , ou du zéro des Français , le maître de ma réputation & de mes travaux ? Pourquoi veux-tu , en me traînant dans ta maudite Ville métropolitaine fous une accablante inutilité , que tes fottes aftuces ont imaginée , me navrer de tant de follicitudes & de chagrins , que je fois enlevé dans le tombeau , fans avoir pu remplir les obligations qui me lient vis-à-vis de plufieurs Potentats , Académies & illuftres Seigneurs de l'Europe , généreux foufcripteurs de mon *Effai fur l'art de vérifier l'âge des Miniatures* , &c. ?

Pourquoi m'as-tu attiré ici , fi tu m'interdis , par ta callidité & tes rufes affreufes , d'y faire l'ouvrage pour lequel feul j'y fuis venu , & qui devoit m'aider , nonobftant la gloire immortelle qu'il m'auroit attirée , à finir mes jours dans l'aifance qui m'eft fi néceffaire dans l'état d'infirmité où je me trouve ?

On voit , par tes menées imprimées dans un mauvais Mémoire publié fur la bibliotheque fatalement léguée à l'infortunée Province que tu vends à la fumée de ta gloire , que tu ne m'as jetté dans ce pays que pour illuftrer ton nom par le choix que tu as fait de moi.

Que m'importe que ton nom s'affocie au mien ? Sont-ils faits pour defcendre l'un avec l'autre , fur le même niveau , dans la poftérité ?

Vous

Vous plaîſe, Messieurs, ordonner que les trois
Corps Adminiſtratifs ſéants dans la ville d'Aix, ſavoir,
le Directoire du Département ; celui du Diſtrict & la

Comment le tien y deſcendra-t-il ? Si c'eſt du côté politique que
tu veux qu'on l'enviſage, il ira s'y mettre à côté de celui de ce
VIOLET de Grenoble , qui a pris à tache , en deſcendant dans
le ſombre palais de Pluton, d'y ſupplanter Judas : ſi c'eſt au
contraire ſous le verre académique ſous lequel tes brigues l'ont
fait enchâſſer, tu n'y paroîtras que comme un petit être à mine
froide & platte, & dont tous les membres ſont diſloqués, parce
que tous les écrits ne ſont pleins que de *kakozelies*, ou d'affec-
tations froides, puériles, ridicules & abſolument riſibles, &
des penſées qui fuyent éternellement le but qui t'appelle à
l'ordre, nonobſtant la ſonnette PRESIDENTALE que tu as
tenue dans tes mains, pour éprouver ſi tu ſaurois y appeller
les autres.

As-tu une conſcience ? Si elle n'eſt pas totalement émouſſée
chez toi, ne doit-elle pas te dicter cette regle de morale, que
le moindre des Curés de ton diocèſe met en pratique........ *que
tout auteur ou coopérateur d'une ou à une injuſtice, eſt obligé
de la réparer ?*

N'es-tu pas l'auteur direct de ma venue en ce pays ? Ne l'es-tu
pas auſſi de la ſuſpenſion prétendue des émolumens que la province que tu adminiſtres *ſi bien*, m'a conſtitués ?

Peux-tu dire le contraire, puiſque dans les Etats illégaux dans
leſquels cette prétendue ſuſpenſion s'eſt opérée, ni l'inepte
Grand-Vicaire qui y a aſſiſté pour toi & en ton nom, ni ton
ſuffragant VIOLET, qui y a uſurpé par tes conſeils le fauteuil
préſidental, ni l'Aſſeſſeur *purpuracé* de cette province, que tu
menes comme un ſabot avec le fouet d'écolier à la main, n'y
ont fait inſérer aucune proteſtation contre une auſſi horrible
injuſtice ?

Lave-toi de tes torts contre moi, ſi tu le peux ; rends-toi
reſponſable des préjudices que tu porteras à mes héritiers, en
laiſſant crever entre leurs mains le prix juſte du cabinet de livres
que j'ai apportés ici ſur la foi de tes promeſſes, qui ſont vertes
d'un côté & blanches de l'autre, comme les feuilles de peuplier
qu'on a choiſies pour le ſymbole des promeſſes trompeuſes &
illuſoires. Prends auſſi ſur ton compte les indemnités qui ſeront
dues aux puiſſans & aux illuſtres ſouſcripteurs de l'ouvrage
dont je viens de parler, ſi je ne puis en faire imprimer le diſcours

Municipalité, feront ajournés aux perfonnes du Procureur Général Syndic du même Département , du
Procureur Syndic du même Diftrict , & du Procureur
de la Commune de la Municipalité, à comparoître
pardevant vous au délai de la loi, pour venir voir
dire & ordonner que faifant droit aux appels déclarés

---

que je leur dois encore , ou parce que tu m'en fais manger les
fonds ici , ou parce que les angoiffes où ton injuftice me
retient , peuvent me précipiter dans le tombeau avant de l'avoir
fini.

Ne fois point furpris de cette invective ; je te la dois pour les
deux ans de fervage & de révérences dans lefquels tu m'as retenu.
La raifon a rompu mes liens ; tu as rompu tous les égards que
je te devois par ta place politique (*). Tu t'es reduit vis-à-vis
de moi au pur état d'homme ; venge-toi, non corps à corps ,
mais efprit à efprit endoctrinés , fi tu le peux.

Je t'abandonne le champ de bataille, s'il ne doit être queftion
entre toi & moi que d'écrits *verfipelles* ; mais fi les plumes qui
doivent être employées ne font trempées que dans la confcience ,
je te vois hors de combat & à cent lieues loin de moi.

Triftes courtifans de Jean de Dieu , fi mon invective vous
alarme , gardez-vous bien de trembler pour moi. Je ne vois
jamais dans l'ombre d'un courtifan , qu'un chapeau de fol , &
comme on dit en provençal , de *MATTOU.*
            Ombra di Cortigiau, cappel di Matto.
      Du Poëme de *Bertoldo cou Bertoldino*, &c. in Bologua, &c.
      M. DCC. XXXVI. in-4°. Cant. IV. St. XI. v. 6.

Voulez-vous marcher à la fuite de cette ombre , portez donc
le chapeau que je vous indique , & vous deviendrez tous de
vénaux & d'infames. Dub....., P........, R..... & d'autres *Zer via
zero* de la même efpece.

Pourquoi refpecterai-je un homme qui fe dégarniffant, par fes
injuftices à mon égard, de toutes les vertus qu'il pourroit avoir ,
veut que je ne le regarde , d'après les anatomiftes, que comme
une fimple maffe organiquement animée entre les deux excré-
toires qui font l'un parderriere , & l'autre pardevant la mere qui

---

(*) *Epifcoporum dignitas operibus deftruitur. Vide* Hieron.
tom. 5. *Operum* , pag. 5 , lettre A , de l'édition très-rare de
Paris , in-folio, 1534.

par l'Expofant, la procédure prife par le Tribunal du Diftrict d'Aix, fur l'expofition & la plainte defdits Corps adminiftratifs, enfemble le décret *de foit in-formé* du 5 du mois de mai dernier, le décret de prife de corps du 21 du même mois, & tout ce qui s'en eft enfuivi, feront déclarés nuls, oppreffifs, tortionnaires, & comme tels caffés, & les Adminiftrateurs de ladite Municipalité, du Directoire de Diftrict & du Directoire du Département qui ont voté pour ces *expofition* & *plainte*, feront perfonnellement & folidairement condamnés, en faveur de l'Expofant, au paiement de la fomme de *cent cinquante mille livres* de dommages-intérêts, fans pouvoir prendre ladite fomme dans les caiffes defdites adminiftrations; & de même fuite, que l'annotation & faifie des biens, meubles & effets appartenans à l'Expofant, faites tant à

---

l'a enfantée, foit qu'il foit né dans le peuple ou dans la nobleffe ?

> Tutti fiam d'un medefmo feme mifti,
> E tutti de la fteffa ufciam vagina,
> E à quel, che ho udito dir da i notomifti
> Tra to fterco nafciamo, & tra l'orina ;
> Ne fia, che alcun per la creanza acquifti
> Stato vario daquel, che il ciel deftina,
> Mentre fien pur plebei, nobili, o dame.
> Pafta fono di polve, & di letame.

Ibid. St. 14.

Sachez que j'ai affez péroré votre grand héros *Jean de Dieu* pendant deux ans entiers, & avec toute la foumiffion poffible ; mais que femblable à cet âne qui n'écoute fon maître que par les paniers qu'il porte fur fon dos,

> Che come l'afin per le cefte afcolta.

Cant. 18, St. 1, v. 4.

j'ai enfin pris la réfolution de fuivre contre lui le confeil de *Luigi l'Alammani* :

> Ma il mio bafton gaftigator de matti
> Ti punira de gli oltraggiofi fatti.

V. Girone il cortefe, lib. 18. 51. 15.

'Aix qu'à Marfeille, feront déclarées nulles, & comme telles caffées, avec injonction à tous fequeftres d'en faire l'expédition à l'Expofant, fauf & réfervé à ce dernier tous fes droits & actions en prife à partie contre qui & pardevant qui il appartiendra, fauf au miniftere public de requérir, pour la vindicte publique, telle peine qu'il avifera, & que le jugement qui interviendra, fera imprimé & affiché, au nombre de mille exemplaires, dans toutes les Villes & lieux du département des Bouches du Rhône, aux frais defdits Adminiftrateurs votans, le tout avec dépens & contrainte par corps; déclarant conftituer le fouffigné pour fon Avoué, avec pouvoir de fe faire affifter d'un homme de loi ou de tel défenfeur officieux que l'Expofant jugera à propos de choifir, & que le jugement qui interviendra fera exécuté de l'autorité de votre Tribunal ; & fera juftice.

L'ABBÉ RIVE.

LARGUIER, Homme de Loi & Avoué.

----

(1) La requête de l'Abbé Rive étoit chez l'Imprimeur, & fur la fin de l'impreffion, lorfqu'on lui a obfervé que l'art. 33 du Décret du 6 mars dernier, fanctionné le 27, portoit qu'il ne *feroit préfenté aucune requête pour obtenir la permiffion d'affigner, fi ce n'eft pour abréger les délais, &c.* Dès-lors l'Abbé Rive, pour fe conformer à la Loi, a employé fa requête comme exploit libellé, & a ajourné fes Adverfaires pardevant le Tribunal du Diftrict de Marfeille.

CONSULTATION

D'UN CÉLEBRE ORATEUR

DE

L'EMPIRE FRANÇAIS.

VU la procédure, la requête en caſſation & autres pieces; & après avoir ouï M. *l'Abbé Rive*, ainſi que M. *Larguier* ſon Avoué :

LE CONSEIL SOUSSIGNÉ ESTIME que cette procédure peut aller de pair avec celle que le ci-devant Prévôt des Maréchauſſées de Provence vint inſtruire à Marſeille dans le mois d'août 1789. On y voit les mêmes vices, les mêmes nullités, & ſur-tout le défaut de pouvoir dans les Juges qui ont remplacé, ſans miſſion légale, le Tribunal du Diſtrict d'Aix.

Dans l'une & l'autre procédure, c'eſt L'OPINION qui eſt pourſuivie, INQUISITIONNÉE & flétrie. Un domicilié, un citoyen qui méritoit des égards par ſon âge ſexagénaire, ſon infirmité ſi connue, & quelque choſe de plus, par ſa place, ſes talens & ſa profonde érudition, que peu de perſonnes ſont en état d'apprécier, eſt arbitrairement frappé d'un décret de priſe de corps, qui, d'après les lois nationales, ne doit être lancé que lorſque, ſur le vu des charges & d'après les titres d'accuſation, il peut y avoir lieu, en fin de cauſe, à peine corporelle.

Raprochant ce décret de l'information, on trouve qu'elle eft muette fur les prétendus délits du citoyen qu'on vouloit facrifier à d'obfcures & coupables vengeances. Cherche-t-on, dans les écrits joints à la procédure, les motifs d'un décret fi rigoureux? La furprife redouble, parce qu'on n'y trouve qu'une émanation du plus libre & du noble attribut dont la nature ait doué les hommes, de l'OPINION, dis-je, pour laquelle *nul ne peut être recherché*. On a préfenté ces écrits comme capables d'exciter le peuple, &c... Mais, *de poffibili ad actum, non datur confequentia* ; & d'ailleurs, eft-ce aujourd'hui, eft-ce fous le regne de la liberté qu'il peut convenir de fubftituer le glaive des lois à la férule dont on a défarmé les cenfeurs? Les Tribunaux ne feroient bientôt occupés que de l'efpece de guerre que l'opinion livreroit à l'opinion, & les bancs de l'école, furchargés de fophiftes ergotifeurs, s'éleveroient plus haut que la tribune aux harangues.

Si des particuliers fe prétendent léfés par les écrits du Confultant, les voies de droit leur font ouvertes. Mais la coalition des trois Corps adminiftratifs, qui font dans la ville d'Aix, contre des brochures, fera toujours une chofe auffi étonnante qu'illégale.

La caufe que le fieur *Abbé Rive* défend, eft celle de la liberté. Il faut être dans fon ame pour le juger, & la juftice ne va pas jufqu'aux intentions. Là, pour ainfi dire, vient expirer le pouvoir judiciaire.

Lorfqu'un Jurifconfulte peu connu, mais digne de l'être, faifoit imprimer en 1657 un Traité fingulier, intitulé..... *Ichnographia municipalis*, & qu'il difoit (ch. 4, §. 11) *pro libertate honefta certatio : at qui femel fubactus deficit, non libertatis amans, fed fervus eft contumax*, on ne vit point les Magiftrats de Francfort defcendre de leur fiege pour faire un procès à *Balthazard Conrad Zhan* Auteur de ce livre.

Lorfque Salvien, Prêtre de Marfeille, s'écrioit :

(de provident. Dei , lib. 5) decernunt potentes , quod
*folvant pauperes , decernit gratia divitum , quod pendat
turba miferorum* , nos TIMOUCHES , & bien de longs
fiecles après, nos PODESTATS ne lui en firent point un
crime.

On expofe que plufieurs Adminiftrateurs du Département ont émis un vœu tout contraire à celui que la
majorité a fuivi dans ces dénonciation & procédure
contre le fieur Abbé Rive. Cette réfiftance fait leur
éloge, & il y a tout lieu de croire que le jugement
du Tribunal de Marfeille , en adoptant les conclufions
du Confultant, anéantira cet affemblage de nullités &
d'oppreffions.

La procédure d'Aix eft telle , que fi le plus habile
Praticien s'étoit étudié pendant long tems à faire une
inftruction dont tous les actes fuffent fignalés par quelque nullité, il n'auroit pas mieux réuffi.

DÉLIBÉRÉ à Marfeille le 5 août 1791.

LAVABRE, Homme de Loi.

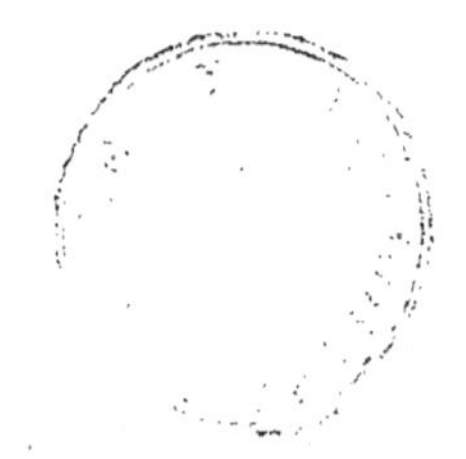

www.ingramcontent.com/pod-product-compliance
Lightning Source LLC
Chambersburg PA
CBHW061557080726
47597CB00004BA/1628